Caro lettore,

il libro che hai tra le mani non è come tutti gli altri. È stato infatti prodotto attraverso un sistema di *print on demand*. Ciò significa che la tua copia è stata confezionata appositamente per te, in seguito al tuo ordine. Non è una copia stampata tra mille altre e lasciata lì in attesa che qualcuno l'acquistasse; è *tua*. Ti chiediamo dunque scusa se per averla hai dovuto sopportare qualche piccolo disagio, se hai dovuto affrontare spese di spedizione o tempi di attesa più lunghi del previsto; in compenso, questo sistema di stampa e distribuzione ti ha permesso di poter acquistare un libro – il tuo libro – che altri editori, legati ai sistemi tradizionali, avrebbero considerato inutile ristampare. Noi, al contrario, così facendo ti offriamo la possibilità di leggerlo.
  Nel salutarti ti ringraziamo di avere scelto le Edizioni Trabant e ci auguriamo di rivederti sulle pagine di un altro volume.
  Buona lettura.

le Edizioni Trabant

Pillole per la memoria – *31*

Isbn 978-88-96576-90-8

Edizioni Trabant 2018 - Brindisi
www.edizionitrabant.it
redazione@edizionitrabant.it

La presente opera è di pubblico dominio.
La veste grafica, le immagini, gli apparati di prefazione e note del curatore, ove non diversamente specificato, sono © 2018 Edizioni Trabant - tutti i diritti riservati.

Leo Ferrero

Diario di un privilegiato sotto il fascismo

Edizioni
Trabant

I LIBERI E GLI ADDOMESTICATI

"Combattevamo Mussolini come corruttore, prima che come tiranno" ebbe a dire una volta Piero Gobetti; "il fascismo come tutela paterna prima che come dittatura; non insistevamo sui lamenti per mancanza della libertà e per la violenza, ma rivolgemmo la nostra polemica contro gli italiani che non resistevano, che si lasciavano addomesticare."[1]

In effetti, e il '900 ce l'ha insegnato, una dittatura non riesce a reggersi unicamente sulla violenza, almeno non su quella esibita. Se da una parte vi è l'arresto, il linciaggio e qualsivoglia altra misura estrema e *visibile* per l'eliminazione del dissenso, dall'altro – soprattutto quando un regime, conquistato il potere, punta a consolidarsi – le armi che utilizza sono più sottili e consistono talvolta non tanto nella segregazione o uccisione del dissidente, quanto nella sua emarginazione dalla società. "Disgraziatamente ora non si bastona più", dice nel presente libro un fascista, rammaricandosi del fatto che, preso il potere, il regime abbia imposto metodi più subdoli nei confronti degli oppositori.

È un'operazione complessa: che sia effettuata attraverso la polizia, i

---

[1] PIERO GOBETTI, *Scritti attuali*, Roma 1945.

servizi segreti o una rete di delatori, richiede in ogni caso la collaborazione di un popolo che, vuoi per paura vuoi per abbaglio, si è lasciato *addomesticare*. Gli esempi nella storia si sprecano.

Wladyslaw Strzeminski, il pittore polacco espressione di un'avanguardia invisa al neonato regime comunista, negli anni '50 fu dapprima allontanato dall'Accademia; in seguito fu licenziato da qualsiasi lavoro potesse attenere all'arte, e infine gli fu impedito, tramite il ritiro della tessera, di acquistare i colori per poter dipingere anche solo privatamente. In pochi furono, nell'ambiente accademico, a prendere le sue difese.[2] Il romeno Norma Manea, negli anni '80, intraprese uno snervante braccio di ferro con la censura di Ceausescu per poter pubblicare il suo romanzo *La busta nera*; l'opera, quando vide la luce, era stata del tutto snaturata da decine di tagli e correzioni a ogni pagina, e l'autore, ormai un isolato in patria, scelse la via dell'esilio volontario.[3]

La storia d'Italia non fa eccezione. Durante il ventennio vi furono episodi eclatanti di soppressione violenta del dissenso, tra cui quelli celebri di Giacomo Matteotti e del su citato Gobetti, ma numerosi furono i casi in cui il regime, per mettere a tacere dei personaggi scomodi, intraprese la strada di piccole ma efficaci vessazioni: la costante sorveglianza della polizia, l'ostacolo all'esercizio della professione, il ritiro del passaporto.

Tra questi, un episodio riguardò un'intera famiglia, cui apparteneva l'autore del presente diario: la famiglia di Guglielmo Ferrero.

Pare strano introdurre l'opera di uno scrittore attraverso la biogra-

---

[2] Sulla sua figura è stato prodotto in tempi recenti un film di Andrzej Wajda, dal titolo *Afterimage* (2016).

[3] Per chi volesse approfondire l'episodio, è stato raccontato in NORMAN MANEA, *Il clown e l'artista*, Milano 1999.

I liberi e gli addomesticati 9

fia del padre. Sembra oltretutto ingeneroso nei confronti di un uomo che, benché figlio d'arte, ha avuto una sua esistenza letteraria autonoma, degna di un destino migliore di quello riservatogli dalla prematura scomparsa. Tuttavia, è importante soffermarsi sulla figura di Guglielmo Ferrero non soltanto per il ruolo che ha rivestito nella storia del nostro paese, ma anche perché è di fatto il vero protagonista di questo diario.

Ferrero era nato a Portici nel 1871, ma la famiglia era originaria del Piemonte: destino girovago comune a quanti, all'epoca, nascevano come lui da un impiegato delle neonate ferrovie italiane. D'altra parte tutta la sua vita successiva sarà caratterizzata da una costante instabilità geografica che, vuoi per scelta vuoi per costrizione, si riverserà a cascata su tutta la famiglia: Ferrero, compiuti gli studi a Torino, passerà il resto della sua esistenza balzando da un capo all'altro del mondo.

Importante l'esperienza torinese, durante la quale conobbe e frequentò Cesare Lombroso, il celebre padre dell'antropologia criminale. Non soltanto per l'influenza che lo scienziato positivista avrebbe avuto sulla sua formazione, ma anche perché nel 1901 ne avrebbe sposato la figlia Gina – a sua volta una notevole intelligenza dell'epoca – dando vita a una famiglia nella quale la cultura si avvertiva, per così dire, a ogni respiro. Nello stesso anno del matrimonio dava alle stampe il primo volume della sua opera più famosa, *Grandezza e decadenza di Roma*, nella quale analizzava il periodo della crisi della Repubblica romana fino all'avvento di Cesare Augusto con uno stile discorsivo e scorrevole che ne decretò il successo in tutto il mondo e un'originalità di vedute che gli alienò più di una simpatia nel mondo accademico. A quella di storico e romanziere affiancava, intanto, un'instancabile attività di relatore, tenendo lezioni e conferenze in tutto il mondo fino a divenire una figura di spicco della cultura a livello internazionale.

Politicamente, è vero quanto asserisce Gina Lombroso nella prefazione a questo volume, che il marito non avesse mai aderito ufficialmente ad alcun partito o fazione. Tuttavia, le sue frequentazioni e le sue prese di posizione lo posero presto nel novero dei socialisti, con conseguenze anche di scontro con le autorità. Significativo, a questo il proposito, il processo a cui fu sottoposto nel 1894 nel periodo delle repressioni del governo Crispi; o le numerose occasioni in cui collaborò a iniziative promosse da Filippo Turati.

Nel 1916 Ferrero si trasferì con la famiglia a Firenze. Qui visse la nascita e affermazione del fascismo. Nei primi anni lo storico non ebbe particolari fastidi da parte del regime, in virtù anche del fatto di non poter essere esplicitamente inquadrato in questa o quella fazione. Tuttavia, Ferrero non fece nulla per nascondere il suo dissenso: firmò il *Manifesto degli Intellettuali Antifascisti* di Benedetto Croce, collaborò in attività di commemorazione di Matteotti. In qualche modo, iniziarono delle forme di boicottaggio. Una delle più dolorose fu la vicenda del quotidiano *Il Secolo*, con cui Ferrero collaborava da diverso tempo. La testata si era distinta, sotto la direzione di Mario Missiroli, per alcune inchieste piuttosto pungenti sullo squadrismo. Nel 1923, preso il potere, Mussolini fece in modo che il giornale fosse acquistato da una cordata di imprenditori a lui vicini. Diverse firme importanti, per protesta, lasciarono il quotidiano con una lettera aperta in cui auspicavano che esistessero ancora italiani "per i quali l'amore per la patria non sia disgiunto dal rispetto per la libertà". Tra i firmatari, vi era Guglielmo Ferrero.

Un'altra manovra, questa volta personale, fu lo sfratto che la famiglia subì dalla casa di Firenze in cui abitavano. Alcuni anni prima, Ferrero aveva preso una villa sui colli, in località Strada in Chianti, chiamata dell'*Ulivello*: decise pertanto di portare la famiglia lì, lontano, pensava forse ingenuamente, dai problemi. Qui è ambientato gran parte del *Diario di un privilegiato sotto il fascismo*.

Giunti alle soglie dell'opera che state per leggere, possiamo finalmente introdurre il suo autore. Leo era il figlio primogenito di Guglielmo, nato a Torino nel 1903. Visto il clima familiare che abbiamo descritto, c'erano tutti gli ingredienti perché il giovane maturasse delle inclinazioni letterarie, e difatti dimostrò presto un genio precoce. A 16 anni padroneggiava il francese come una lingua madre e pubblicava articoli in due lingue; a soli 18 anni, sulla scia forse di una voglia di emulazione, scrisse assieme al padre il saggio storico *La palingenesi di Roma*. La sua vera passione di quei primi anni era però il teatro: già dall'adolescenza aveva iniziato a scrivere drammi, nel 1919 finalmente poté vederne due messi in scena a Roma, riscuotendo il parere favorevole, si dice, di Luigi Pirandello. Sembrava, insomma, essere predestinato a una luminosa carriera nelle lettere. Purtroppo, non erano i tempi né i luoghi.

Nella seconda metà degli anni '20, come illustra bene Gina Lombroso nella sua prefazione, il fascismo prese alcuni attentati contro Mussolini a pretesto per effettuare un giro di vite contro i dissidenti. Furono privilegiate, però, armi più subdole del vecchio squadrismo, che anzi si cercava in qualche modo di tenere a bada, nel tentativo di *istituzionalizzare* gli strumenti repressivi, servendosi delle forze di polizie, della magistratura (fu creato il famigerato Tribunale Speciale), della censura sulla stampa. In questa fase, nessuno poteva più sentirsi al sicuro. Il cittadino, in modo particolare se personaggio pubblico, era messo davanti a un aut-aut: aderire al regime o scomparire, metaforicamente o no.

È in questo contesto che matura il presente libro, il quale parte evidentemente come un diario privato, ma si trasforma ben presto nella cronaca in tempo reale delle persecuzioni della famiglia Ferrero. Un'odissea che ha al suo centro il padre Guglielmo, impegnato in un estenuante braccio di ferro con le forze di polizia e il mondo politico, nello strenuo tentativo di mantenere la possibilità di esercitare la sua professione, pubblicare articoli e libri: insomma, continuare a esistere come personaggio pubblico.

All'inizio, come dicevamo, Leo pensava di parlare di sé. Nelle prime pagine lo annuncia come il diario della sua vita adulta, ma in breve confessa una certa stanchezza. "Questo diario mi secca." scrive il 20 ottobre 1926, "Parlare di me in fondo non mi diverte". Ma già il 1 novembre la vita e di conseguenza il diario prendono tutt'altra piega. Giunge notizia dell'attentato Zamboni, è il prodromo alla tempesta che travolgerà l'intera famiglia. Sono le piccole e grandi angherie di cui parlavamo in apertura. In un primo momento viene impedito a Guglielmo Ferrero di viaggiare per tenere le sue consuete conferenze all'estero: gli sono infatti negati i passaporti, sulla base di generiche motivazioni di sicurezza. Sul capofamiglia inizia ad aleggiare la costante minaccia di confino, sempre presente come una spada di Damocle ma mai veramente attuata. Poliziotti prendono ad affollare il giardino di casa, per sorvegliarlo ma anche come continuo monito. La posta è controllata, amici e conoscenti sono potenziali delatori. Lo scopo del regime è quello di impedirgli la fuga all'estero e allo stesso tempo conquistarlo alla sua causa. Ne conseguirà un tira e molla tra Ferrero e il fascismo, fatto di proteste da parte dello scrittore e un'alternanza di minacce e promesse da parte della dittatura, secondo un climax che non sveliamo per lasciare al lettore il piacere della scoperta.

Come sia finita questa vicenda, questo invece lo raccontiamo, dal momento che appartiene oramai alla storia. Leo Ferrero riuscì a

I liberi e gli addomesticati

lasciare l'Italia assieme alla sorella Nina nel 1928; due anni dopo fuggirono i genitori. Guglielmo Ferrero si stabilì in Svizzera, dove insegnò storia all'università e morì nel 1942.

Leo trovò rifugio a Parigi, dove poté riprendere la sua attività intellettuale come pubblicista, poeta, drammaturgo, critico letterario. Nel 1932 si trasferì negli Stati Uniti per effettuare una ricerca sugli Indiani d'America. Qui trovò la morte in un incidente stradale nel 1933, a soli 30 anni.

Furono i genitori, negli ultimi anni della loro vita, a curare le opere del figlio prematuramente scomparso. In particolare, la madre fece pubblicare questo diario, scrivendone una prefazione allo stesso tempo tenera e appassionata.

Una lettura che ci è piaciuta e abbiamo pertanto voluto riproporre al pubblico. In un periodo in cui fioriscono da più parti tentazioni nostalgiche o tentativi di riabilitazione, bisognerebbe ricordare come la dittatura non abbia posto le sue basi soltanto sui fenomeni più vistosi di omicidio e devastazione (quindi, giustificabili da parte di qualcuno come misure eccezionali e saltuarie), ma su una costante operazione di controllo e repressione che ha attraversato l'intera società in una miriade di storie personali. Questo richiedeva il concorso, o almeno l'omertà, di una buona fetta della popolazione. Perché Leo Ferrero intitola il suo diario "di un privilegiato"? Perché la sua famiglia aveva i mezzi di sostentamento per sopravvivere nonostante le angherie subìte e, aggiungiamo noi, aveva lo spessore intellettuale di lasciare ai posteri il racconto della propria vicenda. A loro si contrapponevano i "non privilegiati", tutti quelli, e sono tanti, cui la storia ha impedito di far sentire la propria voce, la cui vita è stata travolta e spesso distrutta non da pochi, isolati carnefici, ma dal conformismo e dalla paura di un popolo che si è lasciato *addomesticare*.

Leo Ferrero questo lo aveva intuito.

Come scriveva Luigi Operti nella prefazione alla prima edizione: "Egli comprese che il fascismo non era la causa bensì l'effetto d'un crollo di valori morali, e da buon lottatore lavorò senza tregua alla loro restaurazione."

DIARIO DI UN PRIVILEGIATO
SOTTO IL FASCISMO

PRODROMI AL DIARIO

Leo non si occupò mai di politica. Quando a dodici anni, allo scoppio della guerra, Jean Luchaire cercò di attrarvelo e lo fece Presidente della Lega Latina della Giovinezza, riluttante Leo accettò perché consigliato dal padre. Non sentiva per il potere e le relative responsabilità alcuna attrazione. Le passioni della massa, gli obblighi, gli artifici, le piccole furberie necessarie a tenere insieme un gruppo che vuol avere un'azione comune, gli ripugnavano; l'azione gli ripugnava. Già dalla prima infanzia ciò che lo attirava era «la vita interiore», la scoperta di quel che c'è dentro di noi e degli altri, la speculazione filosofica, l'arte, la pittura, la scultura, la musica, la poesia.

A diciassette anni, quando i giovani cominciano ad occuparsi di politica, egli si infervorò assai delle idee di Mazzini, ne lesse le opere con grande commozione e fervore. Ma, come suo padre non era iscritto ad alcun partito, egli non si iscrisse a nessun partito. D'altronde l'Italia era ormai sotto un regime «totalitario», non c'era più che un partito, quello «fascista», quello della violenza. Leo non vi si poteva iscrivere. Ma la sua sete di amore e di conciliazione era tale, che pur essendo contrario per principio e per temperamento al partito totalitario, non si appartò in una solitudine sdegnosa.

Mite d'animo, avido di affetti e incline all'ammirazione, egli cercò sempre di prodigare affetti ed ammirazione a quanti erano intorno a lui, soprattutto ai suoi compagni di lavoro nel mondo artistico-letterario. «Mettere in luce quel che c'è di male nell'opera compiuta dagli altri – soleva dire – è facile; ma non porta ad alcun risultato. Mettere in luce invece quanto c'è di bene, indicare la linea da seguire è più difficile, ma assai più utile; è ad ogni modo l'unico mezzo per indurre gli altri ad intensificare quanto di buono hanno in sé».

Tenendosi rigorosamente a questa direttiva e nella critica letteraria e nelle amicizie personali, egli fu amato malgrado il fascismo. Nel 1924 quando rappresentò a Roma «Campagne senza Madonna» i critici teatrali dei giornali romani, fascisti tutti, simpatizzarono assai con lui, ne fecero i più sinceri elogi, e Pirandello lo invitò a fondare con lui il «Teatro dei Dieci».

Sino al 1926 d'altra parte neppure noi, suo padre e sua madre, avevamo avuto personalmente a soffrire dell'avvento del fascismo. Vero è che rispetto al fascismo noi eravamo dei privilegiati fra i privilegiati.

Noi eravamo economicamente indipendenti dal governo. I nostri beni non erano in commercio in industrie su cui il governo potesse avere una qualunque presa, e pur non essendo ricchi avevamo un tenore di vita tale da poterlo conservare anche al di fuori di proventi esterni.

Ma anche per i guadagni quotidiani eravamo del tutto indipendenti dal governo; i nostri cespiti regolari provenivano da libri o da corrispondenze a giornali politici francesi o americani, a cui il governo poteva difficilmente arrivare. In Italia avevamo, è vero, il «*Secolo*». Per toglierrcelo il governo fece comprare il giornale da una società che eliminò il nostro nome dalle sue colonne. Fu un colpo duro, ma duro in questo senso, che ci impediva di «dare», non di «ricevere». Il «*Secolo*» era per Guglielmo Ferrero una delle sue tribune, non la maggiore, non una fonte di guadagno.

Indipendenti ancora dal governo erano i contatti fra noi e il pubblico. Guglielmo non era e non era mai stato né professore, né deputato, né senatore, né sindaco, né consigliere; non dirigeva né riviste, né giornali, né case editrici. Le Università italiane che si erano rifiutate di accoglierlo nel proprio seno non avevano mai ammesso i suoi libri fra i loro testi, non gli avevano concesso alcun premio, alcun riconoscimento ufficiale, alcuna onorificenza; mio marito non aveva alcun titolo, non apparteneva ad alcuna accademia. Né io nè lui eravamo membri di alcuna società né scientifica, né letteraria, né artistica. È difficile togliere qualcosa a qualcuno a cui non si è mai dato niente.

Difficilmente attaccabile era la nostra condotta politica. Io non appartenevo ad alcun partito, ad alcuna associazione; Guglielmo non apparteneva ad alcun partito, non aveva mai coperto cariche pubbliche e neppure era mai stato candidato ad alcuna carica. Era impossibile rimproverargli ambizioni passate o mire per il futuro.

Presa anche minore, se possibile, offrivamo dal lato familiare e sociale. Come temperamento, come educazione, come tradizione familiare eravamo entrambi alieni dai compromessi; noi quattro membri della famiglia formavamo insieme un nucleo così concorde e affiatato da poterci reggere da soli anche staccati dal mondo intero, senza sentirci isolati; avevamo dietro a noi dei parenti, fratelli, sorelle, madri, cognati con noi concordanti e come noi indipendenti. Non frequentavamo alcuna società; veniva da noi molta gente, ma erano quasi tutti forestieri. Noi non andavamo da nessuno. La nostra società era tutta epistolare.

Impossibile poi era attaccarci di sorpresa con la forza. Non uscivamo mai di sera, abitavamo, anche a Firenze, fuori della città, non appartenevamo ad alcun club, non andavamo mai a teatro, al caffè o al cinema o in alcun luogo pubblico in cui fosse possibile una provocazione o una aggressione improvvisa.

Erano venuti anche da noi sovente – specie all'Ulivello e prima dell'istituzione della milizia – gruppi di fascisti a chieder denari in modo insolente ora per delle sagre ora per le loro squadre. Suonavano con violenza. Guglielmo dava ordine di farli entrare nel suo studio. Procedevano con spavalderia, i manganelli roteanti... ma non appena entrati nello studio, davanti a tanti libri cominciavano a sentirsi a disagio. A Guglielmo che li interrogava esponevano in modo confuso il motivo della loro visita. Dopo di che, se la richiesta era per una sagra, Guglielmo consegnava loro un'offerta, se chiedevano denari per le squadre, Guglielmo prendeva il codice, «Articolo ... : È proibito a chiunque organizzare corpi armati per qualsiasi motivo, salvo che al Governo. Pena ...». Davanti al codice i fascisti restavano un po' confusi... «Ma se ce n'è necessità»... balbettavano. «Se ce n'è necessità – rispondeva Guglielmo – bisogna modificare il codice. Finché il codice non è modificato, quel che mi chiedete di fare è un reato...».

Io credo che se tutti i cittadini italiani avessero conosciuto il codice e l'avessero adoprato, il fascismo non si sarebbe affermato. Comunque sia, davanti al codice e a questi ragionamenti i fascisti abbassavano i loro manganelli e se ne andavano senza torcerci un capello, con grande soddisfazione dei contadini che dalle loro case spiavano il nostro cancello per vedere cosa sarebbe successo.

Così era avvenuto che fino al 1926 non eravamo stati ancora – e Leo con noi – vittime dirette e neppure testimoni oculari degli abusi e delle violenze che da sei anni il fascismo prodigava alla povera Italia. C'è una grande differenza fra chi ha visto e patito le ingiustizie di un sistema e chi le ha soltanto «sentite raccontare».

Nel 1923, è vero, poco era mancato che all'apertura dell'anno accademico all'Università Leo fosse vittima degli studenti fascisti che, armati, avevano assalito coi pugni e coi calci dei moschetti gli studenti antifascisti, fra i quali Leo, che, inermi, in segno di disapprovazione erano usciti dalla sala dove il ministro della istruzione aveva cominciato a parlare. Ma l'affetto di un fascista suo antico compagno

Prodromi al diario

di scuola lo aveva salvato, ed essendo uscito incolume dalla baruffa, l'episodio non aveva lasciato gravi impronte nella sua anima.

* * *

Più dura per lui fu, nel 1924, la questione del *Secolo*. Il *Secolo* era un giornale quotidiano di Milano, uno dei più influenti in Italia, che da trent'anni pubblicava ogni settimana un articolo di Guglielmo. Avevamo al *Secolo* molti amici. Era una tribuna su cui fin da bambino Leo si era abituato a contare, in cui aveva pubblicato con pseudonimo i suoi primi articoli. Ora, nel 1924, il *Secolo* fu venduto per forza a una società amica del governo che esentò immediatamente Guglielmo da ogni collaborazione... e naturalmente anche Leo. Ma tanto il padre che il figlio potevano ancora nel 1924 trovare, sia pur con fatica, altre tribune, in cui scrivere, e quindi neanche questo avvenimento lo rattristò troppo.

Per quanto agli effetti pratici di minor conto, più impressionante fu per Leo l'assistere, nel luglio 1925, al processo Salvemini.

Si pubblicava da qualche anno clandestinamente a Firenze un foglio antifascista: «*Non mollare*». Il giornale era assai ben fatto, commentava con arguzia e brio, settimana per settimana, le sopraffazioni fasciste, diceva quel che si era fatto e quel che si sarebbe dovuto fare, metteva in luce i pericoli di certe misure decretate dai fasci, ecc. Il giornaletto faceva ampia propaganda soprattutto fra i fascisti. Ogni otto giorni il Questore trovava sul suo tavolo il «*Non mollare*», ma per quante ricerche la Questura avesse fatto non era riuscita a scoprire né la tipografia, né l'editore, né gli autori. Su piste di stile puramente letterario l'onorevole Gaetano Salvemini, deputato, era stato indiziato e malgrado l'immunità parlamentare, arrestato. Salvemini, molto amico di Bissolati, dirigeva un giornale non clandestino: l'*Unità*, centro di giovani forze e pieno di energia. Egli venne condotto in giudizio. Il processo fu grandioso. Figura originale, appassionato, imaginoso, parlatore divertentissimo, professore erudito, difensore di ogni idea nuova che gli studenti esponessero, Salvemini era odiatissimo dai fascisti e amatissimo dagli studenti, dai colleghi, da una parte considerevole del pubblico fiorentino. Al processo erano convenuti molti suoi allievi, molti deputati, molti professori colleghi di Salvemini. Vi erano anche parecchi giornalisti, parecchi avvocati, folla di curiosi, qualche fascista e molti simpatizzanti per l'antifascismo: Ugo Ojetti, corrispondente e critico d'arte del *Corriere della Sera*, Ansaldo, direttore del Lavoro di Genova; Rossetti, medaglia d'oro, affondatore della *Viribus Unitis*; Gonzales, capo del partito socialista di Milano; l'avvocato Nino Levi, difensore di Salvemini, ecc. C'era Leo e c'ero io.

In fondo alla lunga sala nuda, stranamente illuminata da una larga finestra in alto, vi erano il palco dei giudici e la gabbia degli imputati. Nella gabbia Salvemini, grosso, irsuto, tozzo, con la barba grigia ispida che gli copriva la faccia, gli occhi vivissimi, andava in su e in giù con movimenti impacciati: pareva un orso alla catena.

Da più di tre mesi Salvemini era stato arrestato e nessuno aveva saputo più nulla di lui. Il pubblico era tutto in piedi. Era un avvicendarsi continuo di amici e conoscenti alla gabbia per augurare, compiangere, congratularsi; un chiedere e dare notizie. Salvemini era di ottimo umore, contento del carcere: «Ci si sta benissimo, perfetti riguardi da parte del direttore e dei compagni...», e giù a raccontare storielle dei suoi compagni di carcere, come se fosse stato a casa sua.

Alle undici cominciò il dibattito. Le testimonianze di accusa erano così vaghe e le arringhe di difesa così forti, che, per quanta buona volontà ci mettesse, il Tribunale dovette assolvere l'imputato. Alle dodici il processo era finito e l'accusato libero. Tutti gli amici andarono a congratularsi con Salvemini e tutti gaiamente si ripromisero di dargli la sera e l'indomani banchetti e riunioni. Quando uscimmo, Leo ed io tra i primi, vedemmo che il Palazzo del Tribunale era cir-

Prodromi al diario

condato da Camicie nere armate di manganelli, che Camicie nere a tutti gli angoli della piazza squadravano a uno a uno coloro che uscivano dal Tribunale, e li minacciavano o li bastonavano. Come Leo e io non fossimo bastonati, non so, ma molti altri lo furono. Le Camicie nere urlavano che avrebbero ammazzato Salvemini e gli amici rimasti con lui quando fossero usciti. Questi si asserragliarono nel Tribunale sperando che quegli energumeni se ne sarebbero andati e telefonarono in Questura, ma in Questura nessuno rispose e sulla piazza era un continuo affluire di nuovi squadristi con manganelli. A guardia del Tribunale vi era un sottile cordone di gendarmi che avevano ordine di «non tirare».

Il Tribunale di Firenze si apre su una piazza lunga e irregolare – Piazza S. Firenze – a cui confluiscono molte stradine che provengono da quartieri popolari e dalla Piazza della Signoria. C'erano parecchie porte nel Tribunale, una dava su una via laterale dove c'era un negozio di uccelli. Tutti sapevano che questo negozio aveva due uscite. Dopo alcune ore di attesa gli amici di Salvemini furono fatti passare dai carabinieri in questa bottega. Ma i fascisti sorvegliavano l'altra uscita; allora i carabinieri chiusero le porte e fecero cordone dinanzi ad esse; ma i fascisti accorsero a centinaia e li soverchiarono, forzarono le porte e ferocemente si gettarono, in mezzo allo strepito degli uccelli, sui malcapitati anch'essi in gabbia, riducendoli in uno stato pietoso. Un'ambulanza venne a salvarli e a condurli all'ospedale, dove dovettero restare chi cinquanta, chi novanta giorni, senza che agli assalitori venisse infitta alcuna punizione.

Restava Salvemini sempre dentro il Tribunale. Gli uscieri insistevano perché uscisse. Il Questore lo sconsigliava dal tornare nella sua casa e il proprietario ne lo scongiurava: «Le Camicie nere si erano appiattate al terreno della casa, con delle bombe, pronti a scagliarle non appena Salvemini fosse entrato».

Salvemini telefonò al direttore della prigione perché lo riprendesse.

Il direttore rispose che non poteva farlo senza ordini. Accettò però di mandarlo a prendere col carrozzone delle prigioni e di tenerlo fino a mezzanotte. E così fecero. A mezzanotte Salvemini uscì e accettò l'ospitalità che i Rosselli gli avevano offerta; e questo gli salvò la vita poiché per tre giorni le Camicie nere lo aspettarono a casa sua.

Sempre di notte, dopo tre giorni egli partì per Napoli dove fu ospite di Giustino Fortunato, il quale lo accolse nella sua villa di Sorrento. Di là Salvemini poté poi abbandonare l'Italia. Tutto questo naturalmente lo sapemmo alcune settimane più tardi. Sapemmo però, il terzo giorno dopo il processo, che la casa dei Rosselli, amici carissimi di Leo, era stata devastata: pianoforte, quadri, statue rotti a martellate, libri, mobili bruciati. Questa devastazione, che Leo vide il giorno dopo, era impressionante; e non meno impressionante fu in seguito uno spettacolo di miseria morale, quando amici, professori, studenti, giornalisti, che avevano ossequiato Salvemini in tribunale, si affrettarono a smentire a uno a uno di averlo mai visto, conosciuto e approvato!

Per fortuna Leo non ebbe ad essere spettatore dei tragici eventi del 29 settembre dello stesso anno (era andato soldato il 1° settembre) quando furono in maniera orrenda ammazzati l'avvocato Consolo e l'ingegnere Pilati: col quale eccidio Leo pensò più tardi di aprire il suo romanzo sull'Italia nuova.

* * *

Pilati e Consolo non erano degli antifascisti militanti, per quanto Consolo fosse stato preso di mira al tempo del processo Salvemini perché si erano trovate nel suo studio copie del «*Non mollare*». In verità a Firenze si disse che il loro principale torto era di essere l'uno, Consolo, un avvocato, e Pilati un costruttore, integerrimi. Il Consolo era stato nominato tutore di uno scemo ricchissimo. Coloro che ne avevano avuto la tutela in precedenza avevano sfruttato, si diceva, in

Prodromi al diario 25

modo indegno il povero infermo. Questi possedeva delle case nel centro della città. Gli antichi tutori e gli inquilini si erano tacitamente accordati per fitti irrisori che venivano completati con sussidi dati brevi mani ai tutori stessi. L'avvocato Consolo si era opposto a questa combinazione e aveva rialzato assai i fitti agli inquilini e tolto di mezzo chi aveva organizzato l'imbroglio.

Pilati era un grande mutilato di guerra; gli mancavano un braccio e una gamba; era amico di Mussolini. Egli era stato incaricato di far costruire delle case popolari per i combattenti, e siccome non lucrava sulle forniture e non lasciava lucrare, le sue case, meglio costruite, costavano assai meno delle altre case popolari e potevano concedersi a fitti minori. Questo aveva provocato le ire degli altri costruttori, tutti fascisti della prima ora. Consolo e Pilati erano stati avvertiti che i fascisti tramavano contro di loro, ma non vi credettero, e furono nello stesso giorno barbaramente assassinati nelle loro case, mentre le mogli invocavano indarno la questura col telefono.

Leo fu invece spettatore nel giugno del '26, appena tornato dal servizio militare, di un incidente di pochissimo conto in se stesso, ma di grave insegnamento psicologico.

Erano abituali allora le «spedizioni punitive». Senza una ragione apparente, comparivano a un tratto nelle strade squadre di fascisti, entravano nelle case, bastonavano coloro che vi si trovavano, gettavano dalla finestra quadri, arredi, mobili, che bruciavano insieme ai libri e alle carte delle vittime. Queste «Spedizioni punitive» erano divenute tanto abituali (i Rosselli ne avevano già subìte tre), che le Assicurazioni di Venezia avevano aperto categorie speciali di assicurazioni contro i «moti popolari». Noi ci eravamo assicurati e Guglielmo alla formula solita aveva fatto aggiungere: «col consenso delle autorità superiori».

Un giorno del mese di giugno Guglielmo stava «limando» il secondo volume del suo romanzo «*Le due verità*» (il primo volume era già uscito), quando salirono da noi alcuni amici spaventati ad avvertirci che «una squadra punitiva» avanzava lungo il viale con minacciose intenzioni.

Guglielmo prende allora il manoscritto del romanzo e incarica Leo di portarlo al nostro padrone di casa e amico, Maestro Franchetti (autore della «*Germania*» e dell'«*Israel*»), pregandolo di tenerlo per qualche ora finché la minaccia sia passata. Il Franchetti – che abitava una palazzina nello stesso giardino (la missione di Leo non poteva quindi in alcun modo essere sospettata dall'esterno) – fa una scenata a mio figlio, rifiuta di prendere il manoscritto, e poco dopo ci manda a dire dal portinaio (spia della Questura) che egli si meraviglia assai che Ferrero gli mandi delle «carte compromettenti»; che ricordi bene di non seppellirle in giardino, perché egli stesso, barone Franchetti, denuncerebbe la cosa alla Questura.

Le squadre devastatrici non entrarono nella nostra casa e il manoscritto fu salvo. Questo atto però di incredibile viltà da parte di un intellettuale, che sapeva quale importanza avesse per uno scrittore un'opera a cui da dieci anni lavorava; questa vigliaccheria da parte di un amico, il figlio del quale era stato per noi un secondo figlio, impressionò Leo, come prova sopratutto di quella bassezza morale che la tirannia improvvisamente rivela e favorisce in tutti gli ambienti.

Bisogna aggiungere che un altro intellettuale, questa volta povero, il professor Mengin, si incaricò in altre, circostanze di tenere presso di sé quello stesso manoscritto, d'altronde non compromettente, poiché si trattava di un romanzo.

* * *

Fin qui si trattava di incidenti senza grande importanza personale; gli attacchi personali dovevano cominciare solo nel novembre dello stesso anno.

C'erano stati nel '26 vari attentati più o meno autentici contro Mussolini, quello della Gibson in aprile e quello di Lucetti in settembre. Questi attentati erano stati occasione di molti arresti sensazionali e di una intensificazione di spedizioni punitive, che non avevano cambiato però la linea generale del regime.

Il 31 ottobre del '26 a Bologna un misterioso colpo di fucile sarebbe stato tirato contro il duce (dico «misterioso» perché nessuno sentì lo sparo), e il colpo fu attribuito a un ragazzo, quattordicenne appena, certo Zamboni che non aveva mai manifestato truci propositi contro il duce ed era avanguardista. Il presunto reo fu ucciso sul posto, dilaniato e portato in corteo per Bologna issato sulle picche. Dato che il reo era stato riconosciuto e trucidato e il duce era indenne, tutto faceva presumere che l'attentato sarebbe finito, come le altre volte, con qualche arresto e qualche assassinio. E gli assassinii e le distruzioni non mancarono. Non solo i giornali antifascisti come il «*Mondo*» di Roma, «*Il Lavoro*» di Genova, l'«*Unità*» di Firenze e «*La Cultura*» ebbero distrutte le sedi e bastonati a sangue i redattori, ma anche il «*Gazzettino di Venezia*», «*Il Cittadino di Brescia*» e una quantità di giornali di provincia che non facevano della politica, ebbero le sedi assalite e distrutte. Non solo le sedi e le cooperative dei partiti popolare e socialista furono messe a ferro e a fuoco, ma preti, rabbini e personaggi eminenti di tutte le categorie e i partiti furono malmenati, ebbero le case bruciate, le suppellettili distrutte.

Fin qui niente di nuovo. Il nuovo, lo strano fu che si trasse partito da questo presunto attentato per fare una rivoluzione nella tattica fascista. Si sostituì alla tattica a base di violenza – manganelli, bombe, incendi, censura, espulsioni, assassina – il cui effetto era visibile e controllabile, che lasciava ancora la possibilità di lotta a chi voleva rischiare la propria vita e la propria situazione, e che permetteva ad ogni modo qualche reazione nel pubblico, la tattica a base di calunnie, di silenzi, di menzogne, di spionaggi, di soppressioni, contro cui non era più possibile nessuna reazione pubblica o privata. Proibito esporre nei giornali le violenze compiute dai fascisti, proibito pubblicare nei giornali resoconti di libri o critiche di quadri di autori antifascisti, di esporre libri e quadri in vetrina, ecc. Era la tattica dei gas asfissianti che penetrano dappertutto, che ammazzano senza permettere alla vittima di lanciare un grido, senza che gli amici possano conoscere che l'amico è morto e perché è morto.

Ciò si ottenne con le «leggi eccezionali» stabilite subito dopo l'attentato, le quali accordavano di diffidare, condannare e mandare al confino chi l'autorità voleva, senza aver da render ragione alla vittima del proprio operato, e più tardi con le leggi sulla stampa che permettevano di sopprimere giornali, riviste, libri che non piacessero al regime, senza specificare la causa della soppressione; con l'istituzione di un Tribunale Speciale che poteva condannare un cittadino incensurato, al di fuori delle leggi civili e penali esistenti, senza che ai giornali fosse consentito di dare neppure il nome delle vittime; con le misure che imponevano il silenzio assoluto alle vittime e agli amici delle vittime, sotto pena di inasprimento della condanna di queste; con leggi retroattive che facevano delitto di azioni lecite fino al giorno avanti; con provvedimenti i quali permettevano ai fascisti di fare quanto loro pareva comodo contro gli antifascisti, senza alcuna limitazione legale.

* * *

Prima del presunto attentato vi era una censura rigorosissima; i giornali uscivano qualche volta lardellati di bianco, le sedi dei giornali antifascisti e il loro macchinario erano continuamente esposti ad assalti e distruzioni, i giornalisti antifascisti correvano il rischio di essere bastonati, olioricinati, mandati in un'altra città o anche all'altro mondo, ma i giornali d'opposizione esistevano ancora, e se le squadre fasciste li bruciavano, numerose copie arrivavano ancora a destinazione, e vi erano ancora dei giornalisti che potevano esprimere le proprie idee.

Dopo, i giornali antifascisti furono soppressi, i giornalisti liberi furono mandati al confino o processati «per pederastia o per truffa». Prima di questo attentato, se i giornali d'opposizione erano censurati vi era ancora la risorsa dei libri. Guglielmo aveva potuto pubblicare l'anno avanti «*Da Fiume a Roma*» e «*La Democrazia in Italia*», in cui indirettamente criticava il governo e avvertiva gli italiani dei pericoli della dittatura.

Prima del supposto attentato, se gli esponenti dei partiti socialista e popolare erano spesso bastonati e qualche volta ammazzati, se talora venivano loro rasi i capelli e la barba, se per dileggio venivano portati in processione con i connotati così cambiati o anche nudi..., essi potevano ancora proclamarsi «antifascisti», «socialisti», o «popolari»; e il pubblico sapeva di questi dileggi e poteva compatire o ammirare chi ne era oggetto, e se le vittime erano espulse dalla loro città, dai loro affari, dal loro giornale, esse potevano ancora nella nuova città in cui forzatamente si trasferivano, entrare in un altro studio, in un altro giornale o alla peggio farsi facchini o bigliettari dei tram, com'era avvenuto di parecchi avvocati o ingegneri oppositori del regime; ma dopo le nuove leggi fu vietato sotto le pene più severe di dar lavoro agli espulsi.

Fino al presunto attentato, l'antifascista che non aveva più la forza di vivere aveva ancora la risorsa di suicidarsi e di far sapere agli amici perché si era suicidato, e l'antifascista bastonato poteva parlare della sua bastonatura con gli amici al caffè. Ai letterati ed ai professori antifascisti restava ancora la risorsa di scoprire nelle antiche storie persecuzioni simili a quelle di cui erano vittime e di far parte delle loro scoperte agli amici e qualche volta agli allievi, alle riviste, e i professori potevano ancora nelle scuole parlare di Mazzini, leggere passi di Seneca, di Tacito, di Platone, che biasimavano quando succedeva di analogo nei loro tempi.

Prima dell'attentato i direttori di teatro potevano ancora presentare commedie di antifascisti o almeno di afascisti come Leo o come Bracco, e potevano riesumare le opere di Cavallotti, e nelle esposizioni potevano ancora figurare delle Madonne o dei ritratti dipinti da antifascisti o da afascisti. E i passanti potevano leggere nelle strade le antiche lapidi ricordanti le gesta dei grandi liberali del secolo XIX che avevano ben meritato dalla patria, come Giuseppe Ferrari o Cattaneo. Ma dopo l'attentato non più. Le strade intitolate ai nomi di liberali antichi, che «si supponeva» sarebbero stati antifascisti, furono ribattezzate, le lapidi smurate, i monumenti avulsi; gli espositori non fascisti non ebbero più il permesso di esporre, né gli scrittori di pubblicare...

Prima del presunto attentato restava ancora – suprema risorsa per i perseguitati, i bastonati, gli spiriti liberi e intraprendenti – la via dell'esilio volontario, e furono decine di migliaia gli intellettuali liberali o repubblicani, gli operai e i contadini socialisti o popolari che partirono per terre libere. L'emigrazione era allora facile, tutti i paesi reclamavano braccia per aiutarli nella ricostruzione dopo le rovine della guerra, e l'idea che si potessero negare i permessi di lavoro pareva un'infamia del medio evo. Che si potessero poi negare i permessi di soggiorno non era neppure concepibile.

Certo la vita non è mai stata facile per gli esuli, né era agevole per gli intellettuali all'estero trovare un lavoro intellettuale. Ma restava tuttavia ad essi la risorsa di trovarsi un lavoro manuale, e così fecero parecchi, Rossetti e Schiavetti in testa, professore il secondo, ingegnere, medaglia d'oro il primo, che divennero tipografi in Francia.

Ma dopo il presunto attentato più niente. Gli italiani anche afascisti furono letteralmente chiusi in una gabbia di filo spinato, furono tolti i passaporti, e uscire dall'Italia divenne un reato che poteva costare la vita.

In quel tempo Leo cominciò a scrivere il suo diario, che faccio precedere e seguire da due lettere ad amici, le quali riassumono meglio ancora del diario stesso il suo atteggiamento dinanzi agli avvenimenti.

GINA FERRERO LOMBROSO

Mon vieux Pierre,[1]

Viens donc me voir à six heures, car tout le monde à une frousse invraisemblable de se compromettre chez nous et mon sophalit n'a plus soutenu le dossier d'un ami philosophant depuis des mois, hélas! Ainsi va toute chose.
Au fond si je ne t'ai pas écrit cela ne veut rien dire. Je voudrais bien encore t'avoir eu à diner et lutter contre tes pudiques et émerveillés dénégations, ou planter des clus dans les murs, ou écouter des poses langoreuses les aventures d'Etienne Vincent, qui prend contact avec la vie, ou te confier ce que je crois du génie de Flaubert, non, de Dante. Aujourd'hui je te parlerai de la Divine Comédie, car je fais une étude toute à fait amusante, pour thèse, sur le poète.

Je fais des parallèles entre la méthode pour dessiner les diables et celle de Proust pour dessiner les mondains, entre l'introduction de Vergile et celle de M. Arnoux. Je demontre ensomme, et c'est mon but, que la Divine Comédie est belle. Je te parlerai donc de cela.

Il y aura de l'émotion en plus. Car chaque coup de sonnette pourrait signaler l'arrivée de la police qui veut nous arreter, ou de quelque

---

[1] Pierre Jeanneret.

amis qui nous avertissent que la concierge, le congierge, l'ami de la fille de la concierge, la femme de chambre, l'ami de la femme de chambre, la femme de chambre de Franchetti, la fille, la soeur, l'ami de la femme de chambre de Franchetti, son payées par la police pour découvrir "nos complots". Enfin s'ils ne découvrent pas de complots en quarante, c'est qu'ils manquent évidemment d'imagination; car ils sont presque arrivés à me persuader, moi aussi, que lorque je téléphone (à travers le fascio, la police et le téléphone de la concierge) à quelque ami: « Je voudrais savoir l'éditeur de tel livre » c'est une phrase conventionelle pour faire sauter tout au moins la monarchie. Ecris-moi, mais sache qu'on nous ouvre nos lettres.

Leo Ferrero

1926

I

7 Ottobre.

Posso cominciare un diario della mia vita ora che so di non scriverlo per un candido sfogo di malinconie. Questo sarà il diario della mia virilità, poiché, se Dio vuole, in questi giorni, o allucinata e tragica giovinezza, sei morta.
Non rimpiango la mia giovinezza. Mi appaga e conforta l'idea che d'ora innanzi non proverò più dei sentimenti che per la seconda volta. Del resto, chi sa? Il Destino riserva forse a certi uomini il lugubre e straziante privilegio di rimanere sempre giovani.

8 Ottobre.

Alle volte, quando penso a che cos'è l'Italia di oggi mi domando perché mi stremo a lavorare. I contemporanei non ti amano, non ti aiutano, spesso ti ingiuriano e ti calunniano, i posteri ti dimenticano. Dello Zibaldone di Leopardi si è fatta una sola edizione e nessuno l'ha letta. E se finisci nella gora scolastica non è forse peggio?
Se ti si legge non ti si ama. Oh! Non essere amati da nessuno! Sapere che nessuno si occuperà delle tue opere, dopo che sarai morto,

come nessuno se n'è occupato mentre eri vivo! Dunque è il destino degli intellettuali, che non vogliono titillare le cattive passioni degli Italiani. Per sopravvivere bisogna che mi trovi un piccolo mondo fuori d'Italia.

14 Ottobre.

Sono parecchi giorni che non scrivo qui sopra – e non perché mancassi di materia. Ma alle volte era materia troppo tenera e umile perché osassi affrontarla, subito dopo questa introduzione – e questo mi rivela che anche qui dove dovrei essere assolutamente io, un inconscio e urgente bisogno di composizione ed unità, mi limita la sostanza interiore. Bisognerebbe arrivare a dire le cose terribili di me. A che scopo scrivere quello che si può dire? Non mi ci trovo ancora qui dentro, sono impacciato, avrei da lamentarmi di tante cose che fanno a mio padre, ma non so da che parte rifarmi.

20 Ottobre.

Questo mio diario mi secca. Parlare di me in fondo non mi diverte. Sono però successe e succedono tuttora, e continueranno a succedere tante cose attorno a noi che mi sento in dovere di continuare. Domani parto per Trieste... ripiglierò al ritorno.

1° Novembre.

Eccomi di ritorno. In viaggio grande subbuglio e facce spaventate, strani rumori. «C'è stato un attentato a Bologna contro il duce». C'è un fuggi fuggi generale. «Chiudono le frontiere, non danno più passaporti». Non capisco che relazione ci sia fra un attentato al duce e la chiusura delle frontiere. Poiché il duce non è morto, e neanche ferito; poiché l'attentatore è stato inchiodato al muro, manca perfino la scusante di non lasciar fuggire l'assassino.

Trovo all'Ulivello la casa sossopra. Non però per l'attentato di cui nessuno sa nulla, ma per il ritorno. La cameriera ci lascia, la mamma vuol scendere a Firenze per cercarne un'altra, per sistemare la Nina[1] che quest'anno non andrà più al ginnasio. Deve anche farsi fare un vestito, perché il 15 il babbo e lei devono andare a Ginevra e a Chambéry a tenere alcune conferenze. Il tempo è splendido, è un vero peccato lasciar la campagna.

4 Novembre.

Papà mi manda a Firenze a cercare i passaporti. Li avevo lasciati andando a Trieste. Ritorno a mani vuote. «Per ora non si danno più passaporti». C'era alla Questura una povera vecchia signora che implorava. Aveva il biglietto per Buenos Aires, partivano i figlioli, doveva restare sola in Italia? Non si era mai occupata di politica, il ritardo aveva per lei conseguenze incalcolabili. Gli impiegati si erano stretti nelle spalle: «Ordini superiori».

6 Novembre.

Rieccoci a Firenze; papà va in persona dal Questore. «I passaporti non ci sono». «Quando ci saranno?» «Non sappiamo». «Ma non si

---

[1] Sorella di Leo.

tratta di un viaggio di piacere, si tratta di conferenze pubbliche, annunciate da sei mesi, all'Università di Ginevra; se non possiamo partire, dobbiamo prevenire gli organizzatori...». «Non prevenga, gli ordini possono cambiare da un giorno all'altro, ritorni» ecc. ecc.

12 Novembre.

L'altr'ieri sono tornato in Questura. Ieri è ritornato il babbo, oggi sono tornato io. I passaporti non ci sono. Il papà telegrafa all'Università di Ginevra e agli amici che avevano preparato ricevimenti in onore suo e della mamma a Ginevra e a Chambéry – «Non possono andare a tenere le indette conferenze perché sono stati loro rifiutati i passaporti».

13 Novembre.

Il Questore ci fa sapere «che è molto seccato del nostro modo di procedere»... «che si poteva telegrafare in altra maniera»... «che i passaporti non sono stati negati, ma protratti, ecc.».

In regime di dittatura la menzogna è il primo e più impellente dovere del cittadino e del funzionario; un dovere d'altronde che il capo non si limita a imporre, ma di cui dà esempi costanti e diuturni.

14 Novembre.

Al tramonto usciamo ad accompagnare fino a Porta Romana gli ultimi amici attardatisi al nostro ricevimento domenicale. Poco prima di Porta Romana incontriamo Fidelio che vien su di corsa.

Alto, dinoccolato, due occhi celesti intensamente dolci e buoni, Fidelio è il prototipo dell'Italiano onesto al cento per cento, di quegli onesti passati al filtro di tutte le prove, che si trovano solo nei paesi come il nostro, sottoposti da secoli a governi che hanno metodicamente combattuto l'onestà e l'intelligenza. Egli ha amici in tutte le classi e i partiti, perché gli uomini profondamente onesti si cercano, si attirano indipendentemente dalle classi e dai partiti a cui appartengono.

Un confidente della Questura l'ha prevenuto che papà è strettamente sorvegliato, e quel che è peggio destinato al confino. Mercoledì devono essere fatte le designazioni. Il confino, il tribunale speciale sono pene nuove, votate precipitosamente dopo l'attentato di ottobre. Le autorità possono mandare al confino un uomo incensurato senza che l'imputato abbia neanche conoscenza dell'imputazione. E quando si è presi nell'ingranaggio non se ne esce più. Papà dovrebbe – secondo il confidente – partire immediatamente per Roma.

Papà si rifiuta. «In tempi di rivoluzione più frottole che in tempo di guerra; l'amico si informi. Domani ci riferisca».

II

15 Novembre.

Altri amici intimi si precipitano a casa nostra con la stessa notizia di Fidelio e gli stessi consigli: «Papà parta subito, il nostro portinaio è un agente della questura, la nostra cuoca ci fa la spia, il nostro telefono è sorvegliato, la nostra posta aperta, ecc. ecc.».
«È inutile che parta – dice papà –. A Roma, all'albergo dovrei declinare nome e cognome, sarò reperito più facilmente che a casa mia. Di persone per bene a cui ricorrere non ho che il Senatore Tittoni, Presidente del Senato. Scriverò a lui esponendogli il caso. O la mia lettera agisce o non agisce. Se agisce non ho bisogno di partire, se non agisce, non ho che da lasciarmi arrestare e mandare al confino».
«Scriva – dicono gli amici – e parta. Se non vuol andar a Roma vada altrove, ma non resti a Firenze. Si tratta di una ondata. Se questi ordini non sono eseguiti subito, spesso non sono eseguiti più. Papà si eclissi».

17 Novembre.

Notte di veglia, quella fra il martedì e il mercoledì. A mezzanotte si precisa un piano. Papà uscirà all'alba senza valigia, in modo che né la cuoca, né il portinaio, né i poliziotti (che sono alla porta, ma che alle sei antimeridiane sonnecchiano) sospettino di nulla e prenderà a una stazione secondaria un treno omnibus per un villaggio vicino. La mamma lo raggiungerà con la valigia e proseguirà per Roma. Nina porterà all'ora solita la colazione in camera. La cuoca così non saprà nulla. Poveretta, è una brava donna questa cuoca. È con noi da vent'anni. E darebbe la vita per noi... ma non comprende niente. Papà l'ha minacciata di mandarla via sui due piedi se continua a fare la spia. «Che Dio mi uccida all'istante se dico male di loro o se dico una bugia!». Impossibile farle intendere che dire al portinaio se noi andiamo o restiamo, che dare ai poliziotti il nome degli amici che vengono a casa o che telefonano è «fare la spia», è «danneggiarci». Far la spia in fondo non è molto differente dallo spettegolare, uno spettegolare anzi più interessante perché attira in modo speciale l'attenzione di colui a cui parli e ti conferisce maggior prestigio. Come può una cuoca semplice, anche se fidata, intendere la differenza? La cameriera (sedici anni) resiste meglio, perché sa meno, o perché è bella ed ha altri mezzi per essere corteggiata.

Alle quattordici la mamma parte colle valigie, diretta ostentatamente a Torino (tutti sanno che deve tenere al 20 una conferenza) ma in realtà va a Roma.

21 Novembre.

Nina e io siamo restati tre giorni senza notizie. Ieri ricevemmo una lettera dalla mamma da Torino. Tittoni aveva ricevuto la lettera di papà e ne era indignatissimo. Come Presidente del Senato si era opposto alle leggi eccezionali, aveva sostenuto che i fascisti se ne sarebbero serviti per intensificare i loro soprusi. Il duce lo aveva persuaso che no, queste leggi «eccezionali» transitorie erano una difesa dei galantuomini contro le esagerazioni delle teste calde del partito. Altri illustri personaggi di Roma si erano interessati al minacciato confino di papà, fra gli altri il senatore Campello, aiutante del re. «Benissimo, benissimo – aveva detto costui. – Se fanno questa designazione, la legge salta; una legge assurda che non è una legge, che nessuno voleva votare ecc. ecc.».

Evidentemente Tittoni aveva parlato al duce e ottenuto che telegrafasse alle questure di Firenze e Torino, che in nessun modo né Ferrerò, né la sua signora fossero toccati, perché al concerto di sabato tutti ci attorniano come non avevano fatto da un pezzo.

29 Novembre.

Papà e mamma ricongiunti a Pisa tornano assieme ostentamente da Torino. Al solito ricevimento la domenica seguente, la casa è fitta di amici; anche i meno fidi avevano tenuto a farsi vedere. Tutti hanno saputo dello scampato pericolo, del telegramma al Questore... il che ha dato un'alta idea della potenza di papà. È un po' come alla caserma dopo la mia malattia che avevano creduto simulata.

14 Dicembre.

Parecchi giorni or sono papà era andato a Milano, Trieste, Torino, per parlare con critici amici della «*Rivolta del Figlio*», che doveva uscire a febbraio. Torna domenica verso le sedici. Il solito ricevimento domenicale era animatissimo. Molti amici venuti a congratularsi ancora dello «scampato pericolo», molti critici venuti a parlare del romanzo, molti curiosi venuti a sentire se papà sapeva qualcosa della fuga di Turati, avvenuta in questi giorni. Andando a riaccompagnare

gli amici a Porta Romana, vediamo dei ceffi sospetti. «Che diavolo vogliono costoro?».
Ieri lunedì papà aveva un appuntamento dal dentista, alle sedici. Quando esce alle diciassette fa cenno a una vettura. Un signore gli si accosta gentilmente e chiede di salire con lui. Papà si rivolta:
«In automobile con me non ci voglio nessuno».
«Sono un agente, questi sono gli ordini».
«Se vuol seguirmi prenda un altro automobile».
«Non ho ordini in proposito».
«Allora andiamo tutti e due a piedi».
Papà rientra furioso, scrive una lettera al Prefetto protestando. Nessuna risposta. Due agenti si sono installati davanti al cancello del giardino e seguono papà quando si muove. Papà dichiara che non uscirà più.

20 Dicembre.

Stamane papà trova due agenti in giardino che passeggiano davanti alla casa.
«Via di qua! Chi vi ha dato il permesso di entrare qui dentro?».
«I nostri superiori».
«Violazione di domicilio, articolo 161 del codice penale. I poliziotti hanno il diritto di arrestarmi, di seguirmi ma non di stare nel mio giardino».
«Lei ha ragione. Scriva al Questore, noi saremmo felicissimi di obbedirla, ma questi sono gli ordini».
Papà scrive al Questore e al Prefetto: «Articolo 161, codice penale. Gli agenti hanno diritto di seguirmi, diritto di arrestarmi, ma non di violare il mio domicilio».

III

21 Dicembre.

Il Questore, il Prefetto non rispondono alla lettera, non sono mai in Questura o in Prefettura quando papà telefona. Oltre ai due poliziotti che gironzolano pel giardino, ce ne sono due altri davanti al cancello del viale: essi interrogano gli amici che vengono da noi, e ne scrivono nome e cognome su un librettino. Fantastico quanta impressione fanno sul pubblico due loschi individui che ti interrogano.

22 Dicembre.

Papà non cessa di telefonare di tempestare di lettere il Questore e il Prefetto. Finalmente oggi viene un messo del Prefetto: «Papà non si inquieti, i poliziotti verranno tolti o almeno nascosti in modo che non offendano né lui né la legge; il Questore non ha capito... Lei intende... dopo la fuga di Turati[2] se lei se ne andasse, sarebbe una fac-

---

[2] Fuga veramente rocambolesca, quella di Turati, organizzata da Carlo Rosselli, il capo del partito socialista. Turati abitava a Milano, nel cuore della città, in piazza del Duomo. La casa era letteralmente assediata. Due guardie in permanenza davanti la porta di strada, una nella

cenda più grave ancora; tutti noi saremmo dimessi, dal Prefetto, dal Questore, fino all'ultimo poliziotto».

«Ma io non ho mai avuto l'intenzione di andarmene – dice papà al Commissario prefettizio –. Loro leggono le mie lettere, loro sanno benissimo che ho rifiutato parecchie offerte vantaggiose per vendere la mia villa. Se volessi andarmene comincerei col liberarmi dei beni stabili che posseggo. Loro che leggono tutto, che sanno tutto sapranno che io ho pubblicato il primo volume di un romanzo e che sto pubblicando il secondo (e glielo mostra) a cui sto lavorando da dieci anni. Quando mai un autore lascia il suo paese proprio al momento della pubblicazione del suo libro? E poi io sono uno dei pochi che vedono chiaro nelle faccende pubbliche del mio paese. Un figlio non lascia la madre quando la vede malata e sanguinante».

«Per carità non si lasci sfuggire di questi paragoni, l'Italia non è mai stata così fiorente, ma i suoi argomenti sono ottimi... Io, lei capisce, condivido perfettamente le sue idee, sono della sua generazione... Personalmente sono un suo grande ammiratore. Leggo sempre i suoi articoli nella «Illustrazione Italiana» (sono vent'anni che papà non ci scrive più). Perché non chiede un'udienza al Prefetto? Perché non ripete al Prefetto quello che ha detto a me?».

---

cucina del suo appartamento. Turati era una figura tipica, alta, quadrata, due occhi nerissimi, vivissimi, mobilissimi, da diavolo, che egli rotea in tutti i sensi, una barbetta corta quadrata. Chi l'aveva visto una volta, non poteva dimenticarlo. Far fuggire un uomo di settant'anni, in quelle condizioni, era un'impresa che sorpassava l'immaginazione degli uomini medi, non però quella del Rosselli. Era stato combinato che Turati si desse malato per non dar sospetti alla guardia della cucina. Il giorno determinato, Turati uscì travestito dalla casa accanto. Si rifugiò in un villino poco lungi dalla città, poi raggiunse Parri e Rosselli che lo aspettavano a Savona con Oxilia, da Bova, Pertini ed altri per portarlo in Corsica, con un motoscafo.

Viaggio pieno di emozioni, nessuno dei salvatori era marinaio, diressero lo scafo così a lume di naso. Accompagnato Turati in Corsica e consegnato alle autorità francesi, con la stessa imbarcazione ritornarono in Italia, si consegnarono a dei poliziotti che erano sulla spiaggia dove approdarono.

(*Nota del redattore*)

«Ci penserò».

«Ad ogni modo siamo d'accordo col Questore, i poliziotti oggi stesso le saranno tolti dal giardino».

Il messo del Prefetto parte e i poliziotti restano. Papà tempesta di telefonate il Questore. Il Questore risponde che i poliziotti devono uscire, che hanno ordine di uscire. Papà chiama i poliziotti a sentire il contrordine al telefono. I poliziotti rifiutano.

«Così fanno sempre i superiori. Noi dobbiamo eseguire gli ordini tali e quali. I superiori fan finta di disdirci... ma con lei. Noi abbiamo ordine di star qui, noi abbiamo ordine di seguirla, noi abbiamo ordine di entrare nella sua vettura, anche se han detto il contrario a lei».

24 Dicembre.

Stamane è venuto il Commissario della Questura di S. Spirito. È piccolo, grasso, pallido, accento meridionale, mani grassocce, untuose, occhi falsi che sbirciano dappertutto anche se ti fissano. Papà in giardino stava facendo una scena terribile ai poliziotti ingiungendo loro, col codice in mano, di andarsene.

«Son qua, son qua per appianare tutto, Scusi, scusi, signor professore. Io sono un suo grande ammiratore, lei ha ragione io sono con lei... io sono dei tempi passati. Ci vuole un po' di pazienza. I poliziotti saran levati dal suo giardino. Abbiamo preso accordi col padron di casa. Staranno nel giardino del proprietario». E il commissario fa una visita strategica al nostro giardino, a quello di Franchetti e a quello del Bobolino. (il nostro giardino abbastanza vasto è irregolarissimo; largo anteriormente e folto di alberi e siepi, si restringe a una striscia nuda verso la parte posteriore della villa dove si aprono il salone e la sala da pranzo, sopra ai quali le camere da letto. Questa striscia strettissima è limitata a est dalle serre del Bobolino, e a ovest dalle serre del proprietario).

Alle sedici i due poliziotti se ne vanno dal nostro giardino e sono sostituiti da altri otto poliziotti che si appostano due davanti alle serre del proprietario a un tiro di fucile dai saloni e dalle camere da letto, due in portineria, due sul viottolo che separa il nostro giardino dal giardino di Franchetti, due nell'automobile destinata a seguirci che staziona davanti al cancello.

I poliziotti si alternano giorno e notte, fa un freddo intenso, nevica, gela. Si sente tossire tutta la notte. Gli agenti fanno dei fuochi in giardino come in un bivacco. Si attendano come possono, si rifugiano chi nelle serre, chi sotto la tenda, chi in automobile.

27 Dicembre.

Questo giuoco ha un non so che di divertente all'inizio, quando ci sono le telefonate e le scene del papà coi poliziotti, e i Commissari che vengono e vanno, ma uggia quanto più il tempo passa. Tutti sono nervosi, papà è di pessimo umore. Uscire coi questurini che gli galoppano dietro non vuole: passeggiare in giardino con tutti quegli occhi fissi su di lui, lo snerva: non esce più. Gli amici non osano più né venire, né telefonare, né scrivere. La cuoca continua a fare la spia, ma è furiosa contro di noi del male che ci fa. Il portinaio non parliamone. È un vero brigante toscano, intelligentissimo, senza senso morale, fa mille mestieri sospetti oltre che il portinaio e il giardiniere, e per quanto la polizia non si occupi di affari di ordinaria amministrazione, non gli accomoda affatto di avere agenti ad ogni ora del giorno in portineria. La cameriera, (sedici anni), civetta coi poliziotti.

1927

IV

6 Gennaio.
Il 31 dicembre il portinaio ci avverte per lettera che «cessa il servizio». Che cosa significa «che cessa il servizio»? Il nostro villino non ha accesso diretto sul viale. Vi si arriva attraversando il giardino a cui si accede per due cancelli che si aprono sul viale Machiavelli, uno, grande, regale, per cui siamo sempre passati, e uno piccolo nascosto tra il fogliame che non conoscevamo quasi. Ma solo il grande cancello ha il campanello, che risponde in portineria. Come possiamo sentire quando il campanello suona in portineria? E se sentissimo, come distinguere se suona per Franchetti o per noi?

Papà scrive attraverso il nostro avvocato: «Ho affittato la casa col servizio di portineria, il quale non può essere fatto senza portinaio, non essendovi neppure un campanello sul viale. Questa è una rottura di contratto. Si obblighi il portinaio a continuare il servizio fino alla fine del contratto».

Il proprietario risponde attraverso al suo avvocato. È un buon uomo questo avvocato, un buongustaio rosso e grasso che aspira solo alla pace e a una buona cucina, egli non approva né la condotta di Franchetti, ne quella dei fascisti e apre il suo cuore col nostro rappresentante... Ma è l'avvocato di Franchetti... Ci risponde che il servizio di portineria non è compreso nel contratto scritto.

10 Gennaio.

Ci hanno messo nel viale un campanello che trilla in cucina; ma nessuno dei nostri amici conosce questo campanello, e neppure lo conoscono i questurini, i fattorini, i messi, i telegrafisti. Tutti continuano a suonare all'antico campanello di giorno e di notte, né i portinai che devono fare il servizio per il padrone di casa possono distinguere se suonano per noi o per Franchetti e i poliziotti non lasciano la portineria né di giorno né di notte, per cui i portinai hanno gli stessi identici inconvenienti che avevano quando erano regolarmente pagati... e non lo sono più.

Il portinaio è furioso, il proprietario anche, i poliziotti sono nel suo giardino, i suoi amici sono interpellati tale e quale come i nostri, egli è nella nostra situazione, peggio anzi, perché apparentemente è lui il sorvegliato, prevediamo che alla scadenza dovremo lasciare la casa. Gli amici ci consigliano di andare a Roma a chiedere spiegazioni, e chiedere che ci tolgano la sorveglianza. Papà non vuole: «Questa sorveglianza disonora il governo, non me; io sto benissimo. Mi guardino quanto a loro pare».

15 Gennaio.

Il 10 gennaio è arrivata a papà una lettera da Chicago. Un «manager» americano gli propone di andare negli Stati Uniti a tenere dieci conferenze. Condizioni: 500.000 lire anticipate, da depositarsi presso il Consolato. Papà avrebbe inoltre il 50 per cento di quello che le conferenze renderebbero in più della somma anticipata. Papà non ha gran voglia di andare in America; vuol finire il terzo volume del romanzo (il secondo è consegnato all'editore), ma insomma 500.000 lire sono una somma, e il trattamento a cui siamo fatti segno non è tale da far sprezzare una simile proposta. Papà va dal Prefetto. Ripete quel che ha detto al Commissario: «se avesse voluto andarsene, avrebbe venduto la villa, sta per pubblicare un libro, un «manager» ha proposto, ecc.». Il Prefetto è gentilissimo. «Sono un suo antico ammiratore. Leggo sempre con molto interesse i suoi articoli nell'«Illustrazione». Ho letto i suoi libri su Roma, condivido le sue idee. Questa sorveglianza è uno sconcio non solo per Guglielmo Ferrero, ma anche per l'Italia. Tutti quelli che passano per il viale Machiavelli (e tutti i forestieri vi passano perché è nella classica gita del viale dei Colli) si informano. Sono contrario a questa politica, non la capisco, ma che vuole... Papà vada a Roma, esponga le sue idee al duce. Certamente la sorveglianza sarà tolta e gli saran dati i passaporti».

6 Febbraio.

Papà e mamma tornano da Roma molto soddisfatti. A Roma erano seguiti – naturalmente (un agente in permanenza nella hall dell'hotel interpellava gli amici – ma era un agente discreto, che non ingombrava troppo); ma papà e mamma hanno potuto vedere parecchia gente. Hanno avuto anche parecchi incidenti curiosi, questo fra l'altro.

Alloggiava con loro all'hotel Continental un signore alto, bruno, distinto, che papà e mamma non conoscevano. Si presentò a loro dopo qualche giorno come vittima indiretta della sua ammirazione per papà. Ecco in che modo. Esiste a Santiago del Cile, dove il conte X risiedeva come ministro d'Italia, una cattedra di letteratura francese coperta da letterati che venivano ogni anno chiamati a tenere un corso di letteratura francese. La cattedra era pagata dal governo cileno. Il conte X pensò che avrebbe potuto profittare dal fatto che il Cile era in ottime condizioni finanziarie e che era presidente della repubblica l'on. Alessandri, oriundo italiano, per creare una cattedra italiana analoga. Ne parlò all'Alessandri che accolse l'idea con molto favore e promise una forte somma in pesos pari a 100.000 lire annue. Ne parlò ai migliori esponenti della colonia italiana che furono entusiasti dell'idea e s'impegnarono a pagare al futuro professore, italiano viaggio e residenza. Per quegli infelici poveri intellettuali che sono i professori italiani un'offerta simile, pensò il ministro, sarà una bazza! Persuaso pertanto di avere fatto il proprio dovere e di ben meritare dalla patria scrisse molto soddisfatto di questo suo operato al Ministero a Roma. Ma il governo cileno aveva messo alla sovvenzione una condizione: esso voleva scegliere il primo conferenziere, e chiedeva che questo fosse Guglielmo Ferrero. Il conte X approvava la scelta, la colonia pure, il conte telegrafa la proposta a Roma incaricando il Ministero della P. I. di trasmettere al Ferrero il desiderio della colonia italiana e del governo cileno. Passano dei mesi, nessuna risposta. Il Presidente del Cile interroga il Ministro italiano, questi tempesta Roma di telegrammi. «Il governo di Roma dia una risposta, dia la risposta del Ferrero, o almeno dia degli ordini su quello che si deve rispondere al Presidente della Repubblica». Roma tace. La questione diventa tanto spiacevole per il ministro italiano che deve dare le sue dimissioni.

V

Malgrado questo incidente che dovrebbe confermare le cattive intenzioni del governo verso papà, i primi approcci sono favorevoli. Papà chiede un abboccamento al segretario del Ministro degli esteri conte Paolucci de Calboli. Poche ore dopo arriva la risposta affermativa e cortesissima del Paolucci.

Il giorno fissato papà e mamma prendono una vettura che conduce papà alla porta del ministro, e si assesta al lato sinistro, in faccia alla «Rinascente». Passa mezz'ora, la mamma scende di vettura, incomincia a guardare la vetrina della «Rinascente» sbirciando tratto tratto la porta del Ministero per vedere se papà esce. Dopo cinque minuti due signori le si accostano e con tono villano la consigliano di andare a fermarsi davanti a un altro negozio. Per non creare incidenti, mamma obbedisce e si ferma pochi passi più in là davanti alle vetrine di un farmacista. Dopo cinque minuti gli stessi signori con aria minacciosa: «L'abbiamo prevenuta di non fermarsi davanti a queste vetrine». «Non sono davanti alla stessa vetrina». «Non faccia storie, mostri le sue carte». Mamma aveva per fortuna un libretto d'abbonamento delle ferrovie. «Ah, lei è la signora Lombroso Ferrero? Che cosa fa qui?». «Aspetto mio marito che è andato al Ministero». «Non è vero. Ci segua in Questura». «Bene – dice la mamma avvicinandosi alla vettura – mi permettano solo di prevenire il cocchiere perché mio marito sappia quando esce dal gabinetto del conte Paolucci de Calboli...». I questurini davanti al nome di Paolucci si rabboniscono. Intanto il vetturale comincia un gran panegirico: «La signora sta al Grand-Hotel, è un grande personaggio, vengono tutti i giorni conti, marchesi, ministri a vederla». Mamma casca dalle nuvole, era la prima volta che fissava quel vetturale e non l'aveva preso davanti all'albergo. Conclusione, confusi dalle parole del cocchiere e dal nome di Paolucci gli agenti vengono a miti consigli.

«Entri nella vettura e non esca più. Non è permesso passeggiare e soffermarsi nei pressi del ministero». I due agenti se ne vanno, il cocchiere fa le sue confidenze alla mamma. Non solo non è lecito passeggiare nei pressi del ministero, ma anche tutte le strade che portano da villa Torlonia al ministero sono vuotate dalla polizia due volte al giorno quando il duce deve passare. Quando le strade sono svuotate escono da Villa Torlonia tre automobili identici l'uno, col duce, gli altri con dei sosia, che si arrestano tutti e tre dopo una corsa pazza, davanti alla porta del ministero...».

Riecco finalmente papà. È molto contento: «Paolucci de Calboli è stato gentilissimo, è un suo grande ammiratore, ha letto tutte le sue opere». «Il passaporto?». «Ma certamente non si capisce come il Prefetto abbia osato negarlo». «La sorveglianza?». «È una ripercussione della fuga di Turati, il capo del governo temeva... Papà è una gloria d'Italia, i suoi libri sono libri di capezzale di Mussolini». «Avversario?». «Sì, ma Mussolini odia le piaggerie, cento vorrebbe di questi avversari, mandi il suo romanzo, sarà il romanzo degno dell'Italia che uscirà nel nuovo secolo, ecc. Ritorni domani per la risposta definitiva».

Il giorno dopo; ponti d'oro. «La sorveglianza sarà immediatamente levata. È stato un errore del Prefetto, che ha male interpretato i desideri del duce. Quanto alle conferenze in America il duce prega personalmente il Ferrero di rinunciarvi. Ci sono in America tanti italiani male intenzionati. Anche se Ferrero nelle sue conferenze non parlasse del regime, essi potrebbero attaccarlo, obbligare il duce a prendere delle misure che gli sarebbero penose, ecc. ecc. Se mai più tardi. In altra occasione».

15 Febbraio.

Papà ha scritto oggi al «manager» americano rinunciando alle conferenze. La sorveglianza è tolta. Domenica grande dibattito fra i nostri amici per sapere se i provvedimenti erano venuti da Roma o da Firenze. Gli amici di Roma sostenevano che l'ambiente fascista di Firenze è particolarmente malvagio, che se noi stessimo a Roma niente sarebbe accaduto. Gli amici di Firenze sostengono che tutti gli ordini vengono da Roma, che le ire locali si spuntano rapidamente quando non sono appoggiate da Roma. Il trucco del governo pare questo. Bal[1] incarica certi giornaletti locali: *Il Selvaggio*, *La Disperata*, *Il Batacchio*, o simili (che tirano solo qualche centinaio di copie) di lanciare i loro anatemi contro la vittima designata. I Balisti locali hanno il dovere di non restare sordi all'invito. Ma le designazioni vengono sempre da Roma...

La disputa è oramai teorica. Da otto giorni non abbiamo più la sorveglianza attorno alla casa, non siamo più seguiti per la strada, i portinai sono ridiventati ossequiosi, il padrone di casa ci rende il saluto. Cominciamo a sperare di poter restare a Firenze.

---

[1] In Italia si evita di pronunciare il nome di Mussolini e di «fascisti». Ciascun gruppo, ciascuna famiglia ha un nome speciale per designare l'uno o gli altri. In casa nostra si usava Bal per Mussolini, Balisti per fascisti.

VI

6 Marzo.

Papà è nervosissimo. Da due mesi ha corretto le ultime bozze della «Rivolta del Figlio» e il romanzo non esce. Questo volume è la fine delle «Due Verità». Mondadori ne ha fatto due volumi per ragioni commerciali, ma in verità è un solo romanzo e l'editore si è impegnato a pubblicare il secondo a non più di due mesi di distanza dal primo. Questo ritardo smorza l'effetto delle «Due Verità» e minaccia di renderlo incomprensibile. Già da novembre papà aveva deciso di dare un gran pranzo a Milano per il giorno della pubblicazione di questo secondo volume. Dovrebbero venirvi tutti i critici di Milano a cui papà spiegherebbe le sue idee sul romanzo. Bisognerebbe fissare una data, e Mondadori sta sempre nel vago. Domani andremo a Torino. Speriamo di là di scuoter più facilmente Mondadori, almeno per telefono.

10 Marzo – Milano.

Mercoledì stavamo facendo colazione a Torino dalla nonna, quando Teresa (la cuoca) entra in sala da pranzo spaventata: «Si affaccino al balcone, l'angolo della strada è nero di poliziotti, ci sono poliziotti nella scala, poliziotti in portineria». La nonna è inquieta, papà la calma, telefona in Questura. «Loro si sono sbagliati, avevo la sorveglianza due mesi fa, mi fu tolta per ordine espresso del Capo del Governo». «Vada dal Prefetto. Noi abbiamo ricevuto questi ordini dal Prefetto».

Il papà telefona al Prefetto. Il Prefetto non risponde. È evidente che c'è un equivoco, ma la nonna è assai impressionata. Giovedì decidiamo di partire. Lasciamo Torino in mezzo a un nugolo di poliziotti che ci seguono in treno, che si insediano anzi nel nostro stesso scompartimento. Un altro nugolo di poliziotti ci aspetta a Milano alla stazione, si insedia nel nostro albergo, ci sorveglia nella «hall» a terreno, passeggia nel corridoio che dà accesso alle nostre stanze; un agente pretende anche di venire nella nostra automobile. Siamo obbligati a camminare a piedi. Che cosa è successo? Papà telefona al Prefetto. «Parta subito per Firenze». «Là le saranno date istruzioni».

12 Marzo – Milano.

Papà aveva deciso di restare qui fino al 16, ma poiché Mondadori non precisa quando il romanzo uscirà decidiamo di partire. Papà ha dato ieri sera il pranzo ai critici; pranzo lugubre, tre quarti dei critici si sono scusati. C'erano i parenti, qualche amico intimo – tutti inquieti di esser con noi. Domani partiremo per Firenze senza la «Rivolta del Figlio» e senza sapere a che cosa dobbiamo queste nuove persecuzioni.

14 Marzo – Firenze.

Arriviamo a Firenze in mezzo a un nugolo di agenti, accolti da un altro nugolo di agenti che ci fanno scorta fino a casa. A casa molte lettere che ci parlano di «quell'articolo che ci darà molte noie». Ma quale articolo?

15 Marzo.

Finalmente un amico ha l'idea di mandarci il capo d'accusa: un articolo terribile del *Popolo d'Italia* contro papà. Da questo articolo pare che il «manager» americano, deluso dal rinvio indeterminato delle conferenze di papà, abbia dato un'intervista a un giornaletto di Chicago, nella quale avrebbe dichiarato che Guglielmo Ferrero non poteva venire in America a dare le conferenze promesse perché gli avevano negato il passaporto, dal che si poteva concludere come Ferrero diceva nelle sue lettere «che era tenuto come prigioniero in Italia». «Una bugia come questa – diceva il giornale – meritava per lo meno la prigione perpetua!»

17 Marzo.

Ieri una lettera del Prefetto invita papà a andare in Prefettura. Vi trova anche il Questore. I due funzionari sono accigliati e solenni, hanno il *Popolo d'Italia* nelle mani. Il Questore legge ad alta voce l'articolo in questione e comunica al papà con aria grave «la diffida» (il primo grado delle punizioni speciali prima del confino). «Per la diffida, il diffidato non può più occuparsi di politica né avere contatto con fuorusciti o con gente sospetta, non può parlare in luoghi pubblici, ecc.».

Dopo la diffida il Prefetto legge a papà una lettera terribile del capo del Governo la quale finisce dicendo che «la Rivoluzione francese trattava i suoi nemici in ben altra maniera e per misfatti assai meno gravi, faceva tagliare la testa ai suoi nemici». Il Prefetto notifica che ordini erano venuti da Roma di rimettere immediatamente a Ferrero la sorveglianza, non più per precauzione, ma per punizione. Dopo questo discorso il Questore se ne va, il Prefetto prende un tono confidenziale, dice a papà che «diffida» e «sorveglianza» sono solo «una minaccia», che in realtà il capo del Governo vuole semplicemente una smentita. Come amico e ammiratore scongiura papà di fare questa smentita subito, mentre è in Prefettura; si tratta di puntigli del Capo, la smentita ha da essere cosa assolutamente privata. La sorveglianza annoia assai lui, Prefetto. Gli lasci due righe di smentita ed egli la farà togliere immediatamente.

«Ma per dare una smentita io devo avere almeno il testo dell'intervista che devo smentire, qui non c'è che un telegramma di un giornalista a un giornale. Un telegramma di terza mano non è un testo di legge. Come posso smentire una intervista di cui non ho il testo?».

24 Marzo.

La sorveglianza si fa di giorno in giorno più rigorosa e vessatoria. Isolamento completo. Il Prefetto preme ogni giorno per avere questa smentita. «Il capo del Governo è furente, egli, Prefetto, è ansioso di togliere questa sorveglianza, non capisce perché papà esiti, che importanza può avere per lui una smentita assolutamente privata?».

Gli amici prevengono papà di essere prudente. «Non si fidi della promessa del Prefetto e neppure di quella di Bal. Il fascismo ha un'abilità diabolica a metter tutti gli onesti in cattiva luce, a calunniarli in modo subdolo. È questo il merito che Bal apprezza di più nei suoi funzionari. Il funzionario che riesce a degradare un maggior numero di uomini è sicuro di rapida carriera!». In verità non ci vuole molta abilità a degradare un onesto quando si dispone della stampa, della posta, del telefono, quando non rimane alla vittima, né la parola, né la penna, né la posta per opporsi alle calunnie che nemici spandono sul suo conto!

«La lettera – dicono gli amici – deve essere inoppugnabile dal punto di vista della verità, deve essere pubblicabile e tale che papà possa prenderne apertamente la responsabilità; occorre un avvocato esperto».

Venti volte la lettera va da casa all'avvocato, dall'avvocato a casa. Nessun articolo di papà ha costato tanta fatica quanto questa lettera.

«Non si tratta di un'intervista diretta, ma di un'intervista di un agente con un giornalista americano. Nel corso di questa intervista sono citati brani staccati di lettere appartenenti a momenti diversi in cui del resto non si parlava del fascismo, ma semplicemente del passaporto». La lettera finiva dicendo quale impressione avrebbe fatto all'estero di vedere che una oscura intervista di cui nessuno si sarebbe occupato se i giornali italiani non le avessero dato rilievo, aveva potuto provocare il pandemonio che aveva provocato.

VII

26 Marzo.

Papà ha portato ieri l'altro personalmente la lettera al Prefetto. Il Prefetto l'ha approvata, ha dato la parola d'onore che l'avrebbe trasmessa direttamente al capo del governo, che nessun altro l'avrebbe conosciuta, che l'indomani stesso la sorveglianza sarebbe tolta.

Due ore dopo gli strilloni gridavano in piazza «La nuova edizione della *Nazione* con la smentita di Guglielmo Ferrero». «Lo storico Guglielmo Ferrero in una pubblica dichiarazione afferma di non aver mai chiesto i passaporti per l'America, e di aver accettato volontariamente il suggerimento del governo di rimandare ad altra occasione la sua andata agli Stati Uniti».

Conclude dicendo che il manager delle conferenze ha male interpretato la sua comunicazione. Ieri 25 marzo contemporaneamente i giornali di tutta la penisola pubblicavano a caratteri cubitali: *La smentita di Guglielmo Ferrero*.

28 Marzo.

La sorveglianza è ancora intensificata. Il padrone di casa ci comunica lo sfratto pel primo maggio.

1° Aprile.

Piove, fa freddo e non si sa niente della «Rivolta del Figlio» che doveva uscire a gennaio. Nessuno di noi ne parla ad alta voce, ma tutti ci domandiamo se il capo del governo «grande ammiratore di papà» (?!) «Cento ne vorrei di oppositori come lei» (?!) non ne abbia fatto sospendere la pubblicazione. Che un capo di governo nell'anno di grazia 1927 dopo una guerra per «la libertà» possa sopprimere ad uno dei letterati più noti e da lui «più ammirati» un romanzo che ha costato dieci anni di fatica e che non sfiora nemmeno di lontano la politica, pare inconcepibile, ma gli esempi analoghi non mancano.

5 aprile.

Ho fatto una corsa a Milano per sapere che ne è del romanzo. Ho saputo che il romanzo è uscito, ma clandestinamente. I librai hanno l'ordine di non metterlo in mostra, i giornali di non parlarne, Mondadori di sopprimerlo dalla lista delle pubblicazioni... Non aveva però l'ordine di non mandarne neanche una copia a papà. Auff! Tutto questo mi mette in uno stato di nervosismo e di inquietudine, che aggiunto ai miei grattacapi particolari, fanno quella somma di silenzio e di cattivo umore che non riempie precisamente la casa di sole. Ne ho un po' di rimorso, ma spero che così non durerà all'infinito.

6 Aprile.

Come si ha l'illusione che quando paga il governo, nessuno ci rimette, così si ha l'illusione che quando ci sono turbamenti generali, questi turbino solamente «gli altri»; dei vaghi «altri» che sarebbero qualche cosa come «i neri», «gli schiavi». Ma il terribile è che i «mali generali» sono sempre costituiti da infiniti «mali particolari».

7 Aprile.

Mamma decide di andarci a stabilire all'Ulivello. Trovar casa a Firenze è impossibile. Qualunque padrone di casa, rifiuterà un inquilino con una coorte di agenti, e poi papà è stanco. La solitudine in città e assai più penosa che la solitudine in campagna, dove è naturale. Papà è contento della decisione. Nina è felice di lasciare la sua stanza al terzo piano che le è odiosa. Io credo che all'Ulivello si starà benissimo. Solo la mamma rammarica questa casa.

10 Aprile.

La preparazione del trasloco è gioiosa. Papà ha comprato un'automobile. Io sto prendendo lezioni di guida. Non credo che diventerò mai uno *chauffeur* abile, e poi papà ha tanta paura dell'automobile che mi paralizza. Nina con Giovanna, Memè, Ciucci, impaccano i libri. La casa è sempre piena di ragazzine: risa, cinguettii, thè, animazione. C'è il sole, ci sono i Pitoeff. Ci sono una quantità di concerti, una quantità di stranieri che vengono a farci visita. Papà è di buon umore, non vede l'ora di lasciare questa casa coi relativi occhi che ci spiano da tutte le parti.

Chi deve rodersi le unghia per il trasloco è la polizia. Circondare la casa di Firenze non è cosa comoda, un giardino in un grande giardino! Ma isolarci all'Ulivello sarà assai più complicato. La villa è sulla strada provinciale che va da Firenze a Siena. Vi passano continuamente dei «forestieri», di cui la polizia ha paura. Come farà perché non si vedano i suoi agenti? E poi a Firenze gendarmi e agenti hanno la loro casa, all'Ulivello non l'hanno. Uhm, è affar loro.

25 Aprile – Ulivello.

Il trasloco è stato fatto in un amen. La settimana passata Nina che ci aveva preceduto con un corteo di raggianti ragazzine all'Ulivello, aveva fatto installare l'elettricità e preparato la casa. Domenica passata 17 aprile ricevevamo ancora a Firenze, ieri ricevevamo qui all'Ulivello con tutti i libri a posto! L'Ulivello coi mobili di viale Machiavelli è magnifico. Abbiamo posto per sei ospiti oltre gli zii e la nonna. Abbiamo con noi Samy Lattes e Memè. Aspettiamo fra un mese la Lagerwald, Jeanneret, Lutoslawski, oltre a parecchi amici di passaggio. Progettiamo un viaggio in automobile a Roma.

Chi è sossopra è la polizia. Ci sono agenti o carabinieri dappertutto, nell'aia, nelle case dei contadini, nel garage, sulla strada; ma questa massa è disorganizzata, vanno e vengono e non sorvegliano affatto. Se volessimo fuggire lo potremmo cento volte al giorno. Già praticamente la sorveglianza dell'Ulivello non è possibile, perché il giardino sfonda da tutte le parti in piena campagna. È evidente che la previdenza del codice che considera il giardino come facente parte della casa mette molti bastoni nelle ruote della polizia.

VIII

1° Maggio.

È venuto un ufficiale dei carabinieri ed è entrato senza il nostro permesso nel giardino con un seguito. Io l'ho incontrato sulla strada che rideva in mezzo a dei commissari baffuti, uscendo. Infatti lo *chauffeur*, Iacopo, pochi minuti dopo mi dice: «Ma lo sa che ci raddoppiano la sorveglianza!». Papà mi dice: «È venuto un ufficiale dei carabinieri mentre io ero a Strada». Sorrideva ed era un po' stanco; quando papà sorride ed è stanco vuol dire che è inquieto; vuol dire che il giorno dopo sarà di pessimo umore. Quel sorriso gli serve per calmarsi lì per lì e persuadersi che le cose non sono ancora gravi, poiché può sorridere. Sorride per tranquillizzarsi e si tranquillizza perché ha sorriso.

Io rimango un po' turbato. Non riusciamo a capire perché ci raddoppiano la sorveglianza. Quando ci dicono che i poliziotti hanno messo su un auto più potente, ci domandiamo se tutta questa mobilitazione non è per il nostro innocente progetto di viaggio a Roma in automobile. È una settimana che studiamo le carte e annunziamo questo viaggio. Non avrebbe dovuto inquietare troppo la polizia. Ho capito che questo è un errore... La polizia non sorveglia che quelli che non pensano di scappare e non scopre che piani innocenti e assolutamente pubblici. Per questo si sfoga con noi, che rappresentiamo un boccone prelibato. Son sicuri che non scapperemo e possono quindi mobilitare un corpo d'esercito per dire che ce l'hanno impedito; non nascondiamo nulla; possono così scoprire – grazie alle loro sagaci intuizioni – i nostri progetti.

5 Maggio.

A un certo momento sentiamo da tavola, tossire nel giardino. Era notte, io e papà andiamo a vedere. Si intravvede tra gli alberi, nel buio un carabiniere. Papà grida: «Che cosa fa lei nel mio giardino?». Il carabiniere tremava. Si mette sull'attenti, dice: «Ho avuto l'ordine». «Lei commette un reato». «Lo so». Si vede dall'altra parte, verso la valle, un sigaro acceso, fra le lucciole. Papà grida: «Chi fuma laggiù?» Un carabiniere risponde molto commosso: «Sono io, signor professore».

«Lei commette un reato – grida papà –. Art. 161 del codice penale».

«Lo conosco anch'io, signor professore. Ma ho avuto l'ordine».

Papà riceve il brigadiere seduto sotto la lampada, che illumina la magnolia di un falso verde, con una tazza di caffè in mano, e lo assale in questo modo: «Che cosa è questa gente in casa mia? Lei sa che se non è per fare una perquisizione o un arresto...».

«Non dobbiamo arrestarla».

«Nessuno può entrare nella mia casa o nelle adiacenze senza commettere un reato che è punibile persino con quattro anni di prigione».

«Lo so, ma ho avuto l'ordine. Devo ubbidire».

Il brigadiere tremava anche lui, molto inquieto, ma senza la minima crisi di coscienza. Tra la legge e l'ordine concreto, tangibile, personale del superiore che ti può punire (anche ingiustamente) un Italiano non esita mai.

«Questo non mi riguarda – continua papà –. Se la veda lei coi suoi superiori. Una volta l'onore e il vanto della sua divisa era di far rispettare la legge. Come vuol farla rispettare, ora, se comincia a violarla?».

«Io non posso disubbidire».

«Ma allora se le comandassero di uccidermi, lei mi ucciderebbe?».

Il brigadiere non risponde né sì né no; risponde con questa formula: «Sarebbe assurdo».

Papà è magnifico in collera, tempesta questa povera gente di argomenti semplici e pesanti, con una voce da patriarca corrucciato, dall'alto di un mondo, che loro presentono e in cui non possono entrare. Tutti sentono cadere quelle parole da grandi altezze, ma non si meravigliano un poco. Non c'è più nessuno che fa delle questioni di principio.

Ero talmente irritato che non riuscivo a dormire. A metà della notte mi ero un po' assopito quando mi sento svegliare dalla voce sdegnata di un carabiniere che chiacchierava con un collega. «Son tutti caponi, lassù. Se vedono un brigadiere fifone se ne approfittano e gli fan fare qualunque cosa. Ma il codice dice chiaro: «Chiunque! Chiunque!». Poi uno li chiamò così: «Pesciolini, venite alla fontana». Tutti se ne andarono alla fontana. Questa è stata la sola protesta che ho visto in loro; alle tre di notte, al chiaro di luna.

Stamane un commissario, quando torno dalla posta, mi fa un sorriso e mi si accosta. Ce n'erano a mucchi sul cancello. Uno grosso coi baffi alla Flaubert. Questo è mingherlino, rossiccio e calvo, con delle lentiggini e i denti sudici. Ha una paglietta sulle ventiquattro. «Vorrei veder papà se fosse possibile».

Perché mi dice «papà»? Ha l'aria di proteggermi e di voler fare amicizia, con questo «papà» coraggioso, familiare, inopportuno.

Mentre lo accompagno mi sorride molto e mi dice: «Quando finiranno con questa sorveglianza!». È una frase che certo ha preparato per addolcire la visita, farci sentire che lui è più seccato di noi, e che in questo comune malumore dobbiamo sentirci un po' fratelli.

Esordio se ci si pensa, assurdo e untuoso. Ma papà non si lascia commuovere. È disteso sul sofà con la gamba diritta per via dell'ascesso. Lo accoglie con più violenza ancora di ieri sera, ha bisogno di uno sfogo.

«Ma è questa la maniera di fare! Ma in che paese siamo! Mi si mettono dei carabinieri in giardino senza avvertirmi. Un ufficiale entra qui senza chiedermi il permesso!».

Il commissario sorrideva con aria di malizioso compatimento come se ci fosse un sottinteso stabilito, che, sì, non si dovrebbe fare; ma ormai, si sa, invece succede.

«Non sorrida – gli urla papà – non son cose da sorridere!».

«Non sorrido, non sorrido – geme il commissario».

«E tutti i momenti – continua papà – mi cadono di queste tegole sul capo senza che io ne sappia mai la ragione. Ma venitemi a chiedere quello che volete, prima di agire a questo modo. Perché fate questo? Perché? Che cosa ho fatto? Io sono un cittadino abbastanza celebre, credo, e del tutto incensurato. Com'è possibile che mi si tratti da pregiudicato? Io ne ho piene le scatole e vi dico che un giorno o l'altro farete scoppiare uno scandalo europeo».

«Perché non va dal Prefetto» – suggerisce l'altro, dolcemente.

«Ma che cosa ci vado a fare – urla papà – che spiegazioni ho da dare io? È l'autorità che deve darle a me».

Il commissario chiacchiera un po' e poi gli dice che ha l'ordine di mettergli nell'auto un maresciallo dei carabinieri. Papà risponde: «Il provvedimento è illegale e io non lo accetterò mai; piuttosto andrò a piedi».

«Capisco – dice il Commissario – ma vorrei che lei capisse come noi non abbiamo colpa, come noi non c'entriamo, come noi...».

«Capisco benissimo – dice papà – e infatti vi ho sempre facilitato il compito ma sono pur costretto a dirvi che violate la legge».

«Ma ce l'ordinano».

Il tono del colloquio è più calmo. Prende l'aspetto di una discussione di natura teorica. Papà gli fa la solita domanda. «Bella ragione. E se le ordinassero di uccidermi?». Il commissario, uomo sensibile alle *nuances* e navigato, risponde: «Non mi ordineranno mai di uccidere un uomo come lei»

Io gli dico: «Del resto se aveste trovato il cancello chiuso, che cosa avreste fatto?».

«L'avremmo scavalcato»

«Come dei ladri» – dice papà.

Il commissario sorride al solito: «Sia pure». Ma la prende dal lato sportivo. «Siamo abituati. Noi, per eseguire un ordine, facciamo scalate, scardiniamo cancelli, sfondiamo le porte, spacchiamo le tegole, tagliamo i vetri, entriamo dalle finestre, dai camini». Si accende a questa pittura delle sue prodezze senza pensare che è inopportuna. Papà lo richiama alla realtà: «Quando però dovete entrare in una casa o per fare un arresto o una perquisizione, e non v'aprono».

«Naturalmente» – dice il Commissario. – Ormai non pensava più che alle sue gesta, e per continuare su quella falsariga fa a papà tutte le concessioni che vuole, si è dimenticato assolutamente di noi.

«Ma qui non è il caso – dice papà – qui non hanno il diritto di entrare».

IX

«Lei lo sa molto meglio di me – dice il commissario, rinfrancando quel sorriso di sottinteso di prima – la legge è la legge, va bene, ma ora siamo in tempi... non bisogna guardare troppo pel sottile. Ci tocca fare una sorveglianza stretta, a vista...».
«Ma allora a che serve far studiare la legge ai carabinieri».
«Per il caso in cui agiscono di loro iniziativa».
«Quindi un ordine del brigadiere può cambiare la legge».
«Devono ubbidire».
Il commissario è assolutamente stupefatto. Queste questioni di principio gli paiono accademiche, e poi non gli capita più da chissà quanto tempo di discutere. Ormai si sa che la legge «la fanno loro», che la legge è «un fiato», in fondo, una signora inoffensiva e maneggevole. Se ne va con molti inchini e sorrisi. Sulla porta io gli chiedo: «Ma allora si può sapere perché ci mettono sotto vigilanza a questo modo?».
«Io non sono finto. Non so fingere. Le dico francamente: non so. A meno che...». E con l'aria più naturale del mondo, con l'aria familiare, interessata, e insieme un po' distratta di uno che si occupa dei casi altrui, ma per la sua personale istruzione e senza darci peso. «A meno che... – dice – Suo padre non ha mica avuto intenzioni di espatriare in questi tempi?».

Oh tranelli subdoli! Oh laccioli invisibili! Dentro certo pensava: «Ora lo faccio parlare. Sono un commissario io; con l'aria di nulla». Ma io gli dico che papà aveva solo l'intenzione di andare a Roma.

20 Maggio.

Che cosa fa la cuoca coi carabinieri? Stanotte un carabiniere le diceva dalla finestra, piano piano: «Dormigliona! Dormigliona!», poi fischiettava un'aria e tirava qualche sasso. Mi sono addormentato. Dopo qualche ora mi sono risvegliato a un tonfo della porta. Ho sentito un pesto leggero e timido, la ghiaia scricchiola e respiro sospeso; ma non ho capito nulla.

23 Maggio.

È venuto il capo gabinetto del Questore. Tipo di uomo finto-forte, magro, pallido, con un gran naso a mappa, torto in punta, un orzaiolo all'occhio, è di statura comune, meridionale. Papà l'ha ricevuto con gentilezza: ormai si è calmato. Il capo di Gabinetto ha cominciato con una piccola concessione e ci ha offerto un regaluccio: «il Prefetto acconsentiva a non mettere nessuno nell'automobile se papà voleva andare a Casciana». Poi, ha cominciato il discorso che gli premeva.

«Lei, evidentemente, ha il diritto di lagnarsi, lo capiamo che questa sorveglianza è troppo vistosa...».

«Ma io non mi lagno affatto di questo – rispose. – Per me, che si veda pure. Quello di cui mi lagno è che i carabinieri entrino nel mio giardino. Perché fate questo? A che serve questo?».

«Veda – dice l'altro – il Questore mi ha detto che cercassimo di metterci d'accordo, perché questo servizio sia fatto nel modo più comodo e gradevole per tutti. Perché è inutile discutere, questo servizio si deve fare – e qui carica gli accenti – e lei sa, lei capisce, che la Questura, se vuole, per eseguire un ordine non arretra dinanzi a *nessuna* considerazione, di *nessun* genere, e quindi non le conviene».

«Un momento – dice papà. – Non arretra dinanzi a nessuna considerazione finché non si urta contro un mio diritto».

«E vabbè! Noi le concediamo il diritto di protestare – risponde l'altro con profonda, schernevole e insieme afflitta aria di compatimento. – Ora anche a lei dà noia questa sorveglianza vistosa».

«A me, come le dicevo, non dà nessuna noia...».

«Il Questore le faceva dire che avrebbe potuto avere dei riguardi, vedere se era il caso di levare i carabinieri la notte, se lei gli avesse dato da dormire, perché son mandati via da dove sono e stanno malissimo, fanno una vita grama».

«Io ho fatto tutto quello che potevo per loro, ma non posso dar loro una stanza che non ho. Ma a me non importa la vistosità. Lei vede benissimo che da dietro la siepe possono fare la sorveglianza come davanti alla siepe».

Usciamo in giardino. Il capo di Gabinetto dice che allora non può dire se acconsentiranno a levarli, perché se noi non abbiamo una stanza...

Papà dice che non è possibile trovarne una in un paese così colmo di uomini.

«E per fortuna – dico io – che non siamo ancora 60 milioni».

Il capo di gabinetto mi picchia una mano sulla spalla e mi guarda serio serio, pesandomi: «Questo è il figliolo? Studente?».

Rientriamo. Papà gli domanda: «Ma insomma, che cosa hanno da lagnarsi di me, io non capisco. Ho mai trasgredito le loro leggi?».

«No, ma le sue opinioni ci sono note; e lei, appunto perché intellettuale, può essere pericoloso...».

«Ma come, scusi? Se non posso più né scrivere né parlare?».

«Sì, lei parla ancora».

«In casa».

«Sì, ma parla troppo. Lei dovrebbe limitarsi, certe cose, a pensarle!».

«In ogni modo io non offendo in niente le vostre leggi».

«Ma lei le ha offese prima».

«Ma io non posso ammettere che mi si condanni per aver violato una legge prima che fosse formulata!».

«Eppure la legge di Pubblica Sicurezza dice proprio questo: «Chiunque professi, o abbia professato opinioni contrarie...».

«Ma questo io non l'ammetterò mai. Non s'è mai visto in nessun paese civile! Come la violazione del mio giardino...».

«Non si lamenti, lei ha ancora la sua famiglia, può girare; c'è molta gente che sta peggio di lei...».

«Ma io considero quello dei carabinieri come un sopruso, e inutile, fra l'altro. Io l'ho detto a tutti loro».

«Loro non ne possono niente. Hanno avuto l'ordine».

«Ma questo dovrebbe rappresentare un caso di coscienza per loro. C'è un esempio, che tutti conoscono, da cui si vede che si deve obbedire prima alla legge e poi ai superiori: l'esempio della sentinella. È stabilito che la sentinella non deve lasciare passare nessuno. E si sa che non deve lasciar passare neanche il re».

Ma il ragionamento è già troppo specioso. Il capo Gabinetto è molto scontento perché non può trovar posto ai suoi poliziotti. Ci crede, sì, che noi non ne abbiamo; ma ce ne serba rancore lo stesso.

«Andare a stare in campagna!» – sospira. Poi saluta.

24 Maggio.

Quando eravamo ancora a Firenze, veniva sovente a casa un certo Carlo R. di Arezzo; un giovane allampanato, occhi spiritati, si dichiarava antifascista, raccontava a papà di inesorabili persecuzioni e gli spillava qualche soldo. Aveva moglie e bambina, di cui naturalmente mostrava sempre la fotografia. L'avevano espulso da Arezzo, dove dirigeva un giornaletto locale!? Avrebbe trovato lavoro a Firenze, ma i fascisti gli avevano tolto il permesso di scrivere (!?). Si era ridotto a vendere in piazza delle anticaglie più o meno artistiche. Qui all'Ulivello non lo avevamo mai visto. Ieri sabato, eccolo apparire verso le due. Un sole terribile, nemmeno i contadini osavano mettersi per la strada a quell'ora.

Entra in studio da papà, comincia a piangere: non vende più nulla, non trova lavoro, è perseguitato dai fascisti. Vuol spararsi o sparare al capo del governo. Papà lo calma. «Sparare? si dissuada, le cose non cambierebbero. Ammazzarsi? È giovane, ecc. ecc.». L'altro si quieta, cambia idea: invece di ammazzarsi andrà a Parigi, chiede a papà indirizzo e commendatizie per Turati, Treves e altri fuorusciti rifugiati a Parigi. Papà indirizzi non ne ha (il che è vero), non sa più niente di loro (il che è vero). Ma se anche li avesse, a che cosa possono servire, a un nuovo venuto, dei rifugiati che stentano a vivere per loro conto?

Il perseguitato dei balisti, nonché povero untorello provocatore, ritorna a Firenze nel camion della polizia!

X

20 Giugno.

È venuto di passaggio per Roma Julien Luchaire, grande amico di papà, pezzo grosso della Coopération Intellectuelle annessa alla S.D.N. Papà l'ha messo rapidamente al corrente dei nostri guai e dei guai di tutti i migliori letterati italiani. Che missione più opportuna può perseguire la Coopération Intellectuelle che la difesa di letterati perseguitati? Luchaire non mi è parso molto persuaso.

Tutte queste commissioni della S.D.N. che dovrebbero difendere i perseguitati sono finanziate dai governi persecutori. «Non ne sapevamo niente» – ti dicono in un primo tempo. «Che cosa possiamo fare noi?» ti rispondono in un secondo tempo. Ma, per Dio, avete la stampa a vostra disposizione. Fate sapere semplicemente quel che accade agli intellettuali oppressi nei loro paesi! Proclamate la vostra indignazione, dimettetevi! Protestate! Non è per noi soli che ci battiamo, è anche per voi! Di che avete paura? Di chi? Ahimè, solo chi ha subito personalmente l'ingiustizia, chi ha sentito sprezzate e calunniate le sue più nobili azioni e intenzioni, solo chi ha sofferto di veder lodati e portati alle stelle gli atti più ignobili dei persecutori più corrotti, solo quello può capire quale consolazione sia per i calpestati un semplice atto di solidarietà!

21 Giugno.

L'ultima domenica è venuto Jack la Bolina. Racconta che a uno il quale chiedeva dinanzi a Giolitti che cosa andavano a fare alla Camera i deputati, Giolitti rispose: «Quando ero ragazzo, ero andato a fare una commissione dal parroco. La perpetua mi fece aspettare dicendomi che il parroco era in «conferenza». Io sentivo dietro la porta urlare dei numeri e delle figure di carte e mi chiedevo: «Ma che razza di conferenza è questa?». Dopo uscì il parroco che mi chiese: «Bè, che cosa pensi di questa nostra conferenza?». Io non dissi nulla e il parroco spiegò: «Il Vescovo ha ordinato che tutti i parroci si radunino una volta la settimana per accordarsi sulla loro opera evangelizzante. Ma siccome i fedeli sono tutti brava gente, che non hanno bisogno di nessuna opera nostra, ci riuniamo sì, come ha ordinato il Vescovo, ma giochiamo a carte».

Questa concezione che Giolitti aveva della funzione della Camera spiega molte cose.

Lunedì 27 giugno.

Mercoledì 22 non era arrivata posta per noi. Pensando che il postino di Firenze incaricato di cambiar gli indirizzi fosse partito per le vacanze, giovedì scendiamo a Firenze a reclamare. Ci mandano nella sala della distribuzione; tutti i postini ci conoscono e ci fanno festa (i perseguitati sono molto amati dal popolo). «No, non c'è stato cambiamento di postini, la posta è stata regolarmente avviata a Strada».

Torniamo all'Ulivello, niente posta. Il venerdì mattina, niente. Scendiamo di nuovo a Firenze. Papà chiede del direttore. Il direttore non c'è, c'è il vice-direttore. «Che cosa succede della mia posta?». «Non ne sarà arrivata».

«Non è possibile. Fra me, la mia signora, e i miei figli, riceviamo una media di dieci-dodici lettere al giorno, più una decina di giornali a cui siamo abbonati».

«Ci sono due «Strada». Succedono spesso di questi errori. Il sacco della loro corrispondenza avrà preso la via di «Strada da Arezzo». Manderemo un commissario a ispezionare»...

Il domani sabato, niente. Scendiamo di nuovo a Firenze e insistiamo per vedere il direttore. È un triestino, piccolo, gentile, ha l'aria colta e per bene; anche lui grande ammiratore di papà (questa volta per davvero). «Dov'è la mia posta?». «Non ne so niente». Ma diventa rosso, pallido, trema tutto. Papà urla, minaccia: «Sequestro di posta: articolo X del Codice Penale. Vado dal Procuratore del Re». Poi riprende con tono più pacato: «Fra le lettere giacenti ce ne devono essere della «*Dépêche*» e dell'«*Illustration*» raccomandate con denari. Se domani non le ho, telegraferò alla direzione di questi giornali che le loro lettere sono state soppresse!».

Il direttore è spaventatissimo.

«Faccia cercare nel reparto censura» – urla papà.

«Non c'è censura» – risponde tremando il direttore.

«E allora com'è che le mie lettere sono sempre tutte aperte e rincollate?».

Questa mattina a Strada la posta è in ritardo di un'ora. Quando ce la consegnano ce n'è un sacco. Apertolo papà va in furia contro la postina.

«Queste lettere sono state sequestrate qui. Io ne ho la prova. Ciascuna di queste lettere ha due timbri: uno del giorno in cui è arrivata, e l'altro di oggi. Con una sola di queste buste io posso farle avere tre anni di carcere».

La postina piange. «Lo so, lo so. Che colpa ho io se mi comandano delle cose proibite?»[1]

---

[1] Seppimo poi che era venuto l'ordine a Strada di rimandare di costì tutta la nostra posta a

28 Giugno.

Gli agenti non sorvegliano noi, ma noi dobbiamo sorvegliare loro. Un carabiniere fa la corte alla nostra cameriera; pare le si sia fidanzato. I poliziotti rubano polli, frutta, conigli ai nostri contadini, li obbligano a dar loro da mangiare e poi non pagano. Hanno addestrato il nostro cane a rubare galline e a portarle nella loro caserma. Oggi abbiamo dovuto pagare una multa. Saremo obbligati ad ammazzarlo.

I nostri rapporti coi carabinieri, con gli agenti e col popolo di Strada sono insensibilmente mutati; prima non c'era in tutti che un enorme rispetto per quell'uomo che faceva spendere al governo tanti quattrini. Un poliziotto mi diceva: «Suo padre se voleva, avrebbe potuto diventare ministro!» e scuoteva la testa con aria afflitta... Un carabiniere mi diceva: «È molto conosciuto in America». Tra la gente, correva voce che papà avesse dal governo diecimila lire al mese come risarcimento di danni. Questa voce non aveva niente di offensivo. Ora i carabinieri e gli agenti, per il fatto che commettono contro di noi una sopraffazione, tendono a odiarci; e il popolo è costernato: questi rigori hanno steso su di noi un'ombra che li riempie di spavento.

29 giugno.

È venuto a vederci Mario N. che era tenente a Livorno nel settembre dell'anno scorso, quando ci fu l'attentato di Lucetti contro il duce. Grandi dimostrazioni contro il Consolato di Francia, perché? Ma là parola d'ordine era: «istillare odio contro la Francia». Lo inca-

Firenze, dove veniva sottoposta a una rigorosa censura. Spaventato dalle nostre proteste il direttore della Posta di Firenze aveva persuaso la censura a rimandare la posta sequestrata a mezzo di un commissario che la timbrò di nuovi bolli.

ricano di difendere il Consolato sotto gli ordini della polizia. Il Commissario gli comunica: «Ordine di non far niente. Mi hanno prevenuto che se spaccano la testa al Console, io sarò traslocato in una residenza migliore. Se un soldato spacca un osso a un dimostrante io sarò destituito».

C'era in piazza un centinaio di persone che non avevano nessuna voglia di assalire il Consolato. Un soldato sardo animoso attacca la baionetta al fucile per assalire la folla. Tutti scappano. La polizia, spaventata per la possibile reazione dei superiori, fa entrare tutti i soldati sotto il portone del Consolato e chiude le porte. I dimostranti si rincuorano e cominciano a tirar colpi contro la porta. I dimostranti entrano trionfanti e salgono al Consolato dove distruggono tutto quello che trovano buttando mobili e soprammobili dalla finestra.

L'indomani il tenente è incaricato di andare a chieder scusa al console.

«Ma s'immagini – dice il console – facciano pure. Ho chiesto il trasloco. Che vogliono? La vita qui è diventata impossibile. Non posso più tenere nemmeno una bambinaia. Tutte scappano spaventate. Loro non ne possono niente. Loro hanno ordine di lasciar fare e noi abbiamo ordine di «non smentire».

Come mai i Francesi così suscettibili al tempo di Giolitti sono diventati così longamini verso il fascismo? C'è evidentemente la paura, ma c'è anche una reale segreta simpatia, una segreta ammirazione che Bal ha suscitato e che va ben oltre: «I treni arrivano all'ora. Ha soffocato il bolscevismo». Questo sentire ha la sua profonda radice in quel fondo di ammirazione che l'uomo ha conservato per la violenza brutale e che il cristianesimo, la cultura, la civiltà parevano aver soffocato. Decisamente la classe dominante borghese si mostra inferiore alla classe dominante dei tempi passati... La segreta simpatia che essa dimostra in tutti i paesi per Bal significa l'ammirazione per chi ha saputo far trionfare la violenza sulla giustizia. C'è nella classe dominante di tutti i paesi un desiderio folle di scaricarsi di quel poco di giustizia che dopo la rivoluzione francese i borghesi dovevano pure al popolo.

Oggi pomeriggio è venuto l'ordine del Prefetto di togliere i carabinieri dal giardino (han paura dei forestieri). Ci sorveglieranno da fuori con molto più zelo di prima...

Torino. Luglio.

Papà mi ha mandato qui a vedere quel che succede nella casa della mamma. I suoi inquilini minacciavano, Teresa[2] minacciava, non ci si capiva più niente. Tutto questo putiferio è venuto in seguito al «nuovo regime dei fitti» il cui decreto è uscito poco avanti il 1° luglio, il giorno virtuale dei pagamenti. «Questo decreto dice:

Art. II – A decorrenza del 1° luglio le pigioni corrisposte per la locazione di case di abitazione di non più di cinque stanze dichiarate abitali anteriormente al 1° gennaio 1919 non potranno eccedere il quadruplo delle pigioni che erano corrisposte nel 1914 dagli stessi inquilini o da inquilini diversi e qualora lo superino saranno ridotte a tale misura.

Art. III – Pure a decorrere dal 1° luglio 1927, le abitazioni di non più di cinque stanze, saranno ridotte del 15%.

Art. VI – Le riduzioni di cui sopra si applicheranno anche nei casi di sublocazioni totali o parziali.

---

[2] Cameriera della nonna a Torino e amministratrice delle case della mamma.

Art. VII – Il prezzo di locazione ridotto in conformità del presente decreto vale anche nel confronto degli inquilini che succedono nel godimento dell'immobile a quelli avanti all'attuazione del presente decreto contratti in corso»...

Seguono ancora altri articoli di minor conto.
È inimmaginabile lo scompiglio che ha gettato questo decreto. Dallo scoppio della guerra, che ha inchiodato gli affitti, c'è stato in tutte le case una superposizione di affittuari, subaffittuari quasi come nei teatri di Parigi. In mezzo a questa superposizione di inquilini e subinquilini che si sono spostati, stabilire i fitti di 16 anni or sono diventa la quadratura del circolo.

La nonna non protesta troppo: «Se il governo l'ha fatto, ecc. ecc.». Ma Teresa che in fondo è la vera amministratrice così della casa della nonna come di quella della mamma, è furiosa. Teresa ha un po' la mania di persecuzione. Crede che compito dell'amministrazione sia «inquisire i costumi degli amministrati». È sempre alla finestra a indagare con chi, e a che ora i diversi inquilini tornano a casa. Gli inquilini la odiano. Questa legge dà loro un'arma per vendicarsi e per fare nel tempo stesso i loro interessi. Gli inquilini sanno che come antifascisti se siamo chiamati in giudizio, avremo la peggio. Ne approfittano – è umano – attribuendosi dei fitti ridicoli. Teresa si batte come una furia. Fa scene tremende alla nonna: «Come! La moglie di Cesare Lombroso accetterebbe di essere lesa nei suoi diritti da dei miserabili pescicani, arricchitisi sulla pelle dei soldati durante la guerra? Si adatterebbe la moglie di Cesare Lombroso a rinunciare alla montagna perché vadano alle bagnature dei miserabili strozzini, vili bugiardi, ecc.? (Teresa ha una grande idea della nostra posizione sociale, molto più di noi).

Nella casa della nonna ci sono ancora dei contratti regolari (più o meno) a cui ricorrere e anche Teresa deve ingoiare fiele e adattarvisi.

Ma in quella della mamma (casa popolare in cui le pensioni mensili e i locatari mutano anche due volte l'anno) non c'è niente. Gli inquilini attuali hanno chiamato davanti al Pretore dei presunti locatari di sedici anni fa. Nessuno li conosce, non ci sono ricevute. Teresa contesta le testimonianze. Chi ci capisce qualcosa?

7 Luglio.

Teresa non è sola a protestare, tutti i padroni di casa sono in subbuglio. A questo subbuglio il capo del governo risponde oggi con un altro decreto che mette il colmo alla confusione generale. Esso dice:
«Col presente decreto legge sugli affitti e successivo regolamento intendo che la questione proprietari e inquilini sia risolta. Non c'è che da applicare la legge. Contro coloro che tentassero di frodare, V. E. (Prefetto) applicherà le misure contemplate dalla nuova legge di P. S., misure che vanno dalla semplice diffida al confino per 5 anni».

10 Luglio.

Comincia la caccia alle «vittime espiatorie». Prima vittima è il Grassi, già consigliere comunale e assessore di Torino, nonché Commendatore. Il Grassi aveva ideato, quando premeva l'urgenza delle case, una ingegnosa combinazione: costruire delle case semicooperative; gli inquilini entrando nell'appartamento pagavano una somma globale, che serviva a costruire altre case, e che dedotta a rate annuali permetteva poi agli inquilini di pagare fitti minimi. Il Grassi ricorse contro il decreto domandando che pei suoi locatari il Pretore si basasse non già sui prezzi che essi pagavano nel 1914, ma sul prezzo che pagavano gli altri inquilini delle stesse località in quegli anni.

Il Grassi si era già messo d'accordo con gli inquilini e a festeggiare l'accordo aveva già mandato una somma a opere di beneficenza... quando fu condannato dal Pretore al confino.

XI

«La tardiva resipiscenza – pubblica la «*Stampa*» di oggi (il decreto era promulgato il 7 e la tardiva resipiscenza era del 9 luglio) non ha salvato il proprietario Grassi. La commissione provinciale presa la decisione di mandarlo a confino, ne incaricò la locale Questura, e così il commendatore, come un ingegnere furono improvvisamente presi nelle loro abitazioni trasportati in carcere e mandati a confino.

11 Luglio.

Parecchi proprietari di case locative sono stati condannati a multe che vanno fino a 5000 lire per non aver denunciato alla Prefettura i loro locali vuoti.
Questi decreti sugli affitti non disorientano i proprietari solo per la perdita di denaro ma soprattutto per la loro incomprensibilità. Allo scoppio della guerra si sono fatti dei decreti che ingiungevano ai proprietari di non alzare gli affitti. Erano decreti arbitrari, ma c'era la guerra e delle misure arbitrarie erano fino a un certo punto giustificate, ma oggi non c'è nessun turbamento né all'esterno né all'interno del paese. Si ha veramente il senso che le nostre vite e i nostri beni sono nelle mani di divinità capricciose di cui è impossibile prevedere le reazioni o prevenire gli atti.

15 Luglio.

Una grandinata di decreti contro i commercianti, i contadini: calmieri, cartelli, sorveglianza sui prezzi che si prestano naturalmente a vendette ed abusi.

Il pizzicagnolo della nonna da anni faceva da calmiere al borgo vendendo a miglior prezzo. Ora ha adottato i prezzi del calmiere e tutte le misure decretate compresi i cartelli. Oggi (dice Teresa) entra un avventore che chiede mezzo chilo di burro. Un commesso va a cercare una forma in cantina la taglia e la serve. Il cliente, un agente aizzato dai concorrenti, tira di tasca un taccuino: «100 lire di multa per aver venduto del burro da una forma su cui non era apposto alcun cartello».

La balia della Nina voleva portare alla nonna una bottiglia di vin santo. È prevenuta che può incorrere in una multa di 2.000 lire. Una nuova legge proibisce ai contadini di vendere direttamente vino, latte, o di regalarne.

La ragione di queste strambe imposizioni? Per far sopportare alle vittime le leggi ingiuste, il fascismo ha trovato questo segreto: perseguitare ugualmente una dopo l'altra tutte le categorie di cittadini. Per far tacere i proprietari di case, il governo attacca i commercianti, attacca i contadini, gli operai, i professori, gli industriali, gli avvocati e così via. E tutti si consolano delle ingiustizie subite centellinando le ingiustizie delle quali gli altri sono vittime. «Mal comune mezzo gaudio». Quando tutti capissero che «il mal comune» è pericolo generale e che il reagire contro le ingiustizie fatte agli altri è il miglior mezzo di prevenire quelle che faranno a te, il fascismo cadrebbe.

Ma ahimè, la formula non è di ieri. Tutto lungo la sua storia i governi in Italia hanno coltivato questo vizio del pubblico, di godere i mali altrui.

NOTIZIOLE

Al mercato quando hanno imposto il calmiere hanno costretto i negozianti ad affiggere due cartelli, uno col prezzo vecchio e uno col nuovo, perché si vedesse che i prezzi erano diminuiti. Poiché ora per certe derrate il prezzo è inferiore a quello del calmiere hanno proibito al rivenditore di mettere i due cartelli!!

* * *

La signora S. racconta che un suo parente fannullone e beone (ultimamente venditore di stoffe, ma da tre anni disoccupato) è stato assoldato per «guardare la frontiera», in realtà per «fare la spia». Da sei mesi è al Moncenisio dove non ha altro da fare che tener d'occhio i viaggiatori che passano e segnalarli. È pagato mille lire al mese; la famiglia ha preso un alloggio elegante, con gran dispetto della cognata il cui marito, ottimo ragioniere ha visto diminuire il suo salario.

L'industriale X racconta che al suo ufficio le note dei fornitori (già patteggiate) subiscono uno stralcio del 15% fissato dal podestà locale. Il podestà ha il diritto di alterare i contratti privati! E si proclamano i difensori della proprietà privata contro il bolscevismo! In realtà il fascismo è il protettore dei violenti, dei farabutti! Forse è questa la ragione del suo successo!

* * *

Teresa racconta che due farabutti venditori ambulanti da lei sfrattati due anni or sono, sono ora al servizio del fascio; l'uno come spia alla F.I.A.T., l'altro come spia al D.V. hanno gran casa in cui bazzicano tutti i pezzi grossi del fascismo.

* * *

Un deputato fascista aveva dei debiti verso una banca che gli aveva ipotecate certe sue terre. Non avendo egli pagato la banca voleva venderle. Il Prefetto decide di mettere la banca in liquidazione. Le ipoteche del balista sono cancellate. Pare però che la Commissione delle ipoteche non ha accettato di legalizzare questo atto.

* * *

Al tribunale gli onesti pagano pei delinquenti.

C'era da giudicare uno di quei casi di un galantuomo che aveva violato la legge per sbaglio, che di solito i giudici assolvevano. Questa volta è stato severamente condannato e a un avvocato che se ne meraviglia il giudice dice: Dobbiamo assolvere tanti farabutti che se possiamo condannare qualcuno, anche se è galantuomo, non ci par vero!

Malafede.

Quando c'è stata la cessione dei telefoni a una Società privata è stato proposto agli impiegati, o di passare alla nuova società o di farsi liquidare la pensione. Parecchi hanno optato per la nuova società, pensando che questo passaggio fosse garantito. Due mesi dopo in base a una clausola inavvertita del contratto sono stati licenziati senza pensione.

* * *

Un lattivendolo è morto improvvisamente. Aveva un lungo contratto con un burrificio che non volle adattare i prezzi a quelli del calmiere. Il lattaio addossato al fallimento si è così tormentato che ne è morto.

* * *

Un carbonaio aveva affittato la sua casa a antichi combattenti. Finito il contratto li licenziò. Fu proposto per il confino. Rinunziò alla casa e si salvò.

* * *

Un mio amico fu condannato senza interrogatorio al confino perché la sua Banca denunciò alle autorità che egli spediva ingenti somme all'estero. Non era vero; egli aveva cambiato banca, il cassiere della vecchia indispettito aveva lanciata l'accusa.

Un altro mio amico fu imprigionato e poi mandato al confino in Sardegna; vi si trovò benissimo. Affittò una casa; scriveva lettere entusiaste agli amici. Fu rimandato in prigione.

* * *

Se faccio i conti ci sono pochi dei miei amici che non sono stati in prigione.

Scuola d'odio.

La signora P. si trattenne giorni fa con un fotografo a discutere di alcune fotografie artistiche esposte in un album. Erano soli. Ad un tratto sbuca da una porta un giovane e con voce terribile comincia a inveire contro il fotografo: «Tu fai la propaganda antifascista con la signora – grida al padre. – Non credere perché io sono tuo figlio che tu possa continuare a far ciò impunemente. Quando si tratta della patria se il nemico è il padre è doveroso non aver riguardi per lui». La signora sbigottita interviene: «Le giuro, le giuro che discorrevamo di arte; guardi l'album, esso deve esser aperto sulla fotografia della Dina Galli; facevamo confronti fra la Galli e la Grammatica». Il giovane fascista si rabbonisce. La signora esce. Trova nel corridoio al buio il fotografo padre che la ringrazia piangendo.

X. dice che gli han fatto firmare una carta per le onoranze a Volta. Al fondo, in caratteri minutissimi c'era che questo *equivaleva alla richiesta della tessera del partito che egli aveva rimandato*.

S. dice che all'ospedale di Firenze tre medici sono stati liquidati, perché sospetti di aver parlato male del capo del governo.

R. è avvocato a Roma. Non è veramente antifascista militante, ma è contrario al regime. Non essendovi nulla a suo carico, per eliminarlo gli raddoppiano, triplicano le imposte, così che le tasse superino i guadagni. Protesta inutilmente, chiude l'ufficio, e si mette in una società commerciale. Dopo qualche tempo fanno sapere alla società che tutte le sue cause saranno perdute se non cambia avvocato.

1927

23 Luglio.

Come «ben arrivo» trovo all'Ulivello questa lettera della «Fiera letteraria» che dopo il successo dei miei articoli su Parigi mi aveva chiesto per telegrafo la poesia «Primavera».

«Caro Ferrero,
non ti ho risposto fino ad oggi perché aspettavo che Malaparte mi dicesse la sua opinione sulla tua collaborazione. Purtroppo Malaparte non mi ha dato notizie consolanti. Con tutta sincerità e molto a malincuore debbo dirti che la tua presenza alla «Fiera» non sarebbe gradita a Roma, non tanto per te personalmente, quanto per i precedenti politici di tuo padre. Anche Malaparte sarebbe lieto se tu scrivessi sul nostro giornale, ma ti consiglia di aspettare qualche tempo perché abbia modo di convincere chi di dovere, che tu sei *perfettamente* a posto nei riguardi del regime.
Sono certo che tu ti renderai conto della mia posizione, non imputerai né a me, né al mio collega, la tua momentanea esclusione dalla «Fiera».
Coi più affettuosi saluti.
Ah, sento che mi si imprigiona ogni giorno di più.

A Milano, 10 luglio '27».

Le difficoltà di pubblicare articoli crescono ogni giorno: mi vedo ora – molti meno mezzi di due anni fa. Sento che qualunque cosa scriva, nessuno ne terrà conto perché mi chiamo Ferrero – forse non troverò editori, certo non troverò recensioni. E non poter andare all'estero! Ma che vita è questa? Renderci a poco a poco la vita impossibile all'interno e impedirci di cercare aria fuori! Quando mi guardo intorno, e vedo il mio paese, lo sento nemico e indifferente: so che noi tutti siamo offerti – preda inerme – al capriccio di alcuni uomini, e che tutto il male che salterà loro in testa di farci potranno farlo indisturbati e gloriosi! Mi sembra d'essere naufragato tra i barbari.

24 Luglio.

Sono venuti dei francesi, un intellettuale con la moglie. Questi intellettuali sono tutti filobalisti. Gli intellettuali sono i Bastian contrari delle civiltà. E poi, che cosa si pensa quando il ragionamento e l'immaginazione non sono frenati e limitati dall'esperienza personale? Da Parigi, perché non trovare che la libertà è una carogna e che il regime di forza è l'ideale dei regimi? Di qui tutto è diverso. Sono diventato molto prudente a ragionare sul meglio e il peggio di civiltà che non conoscono.

28 Luglio.

CONVERSAZIONE CON DUE COMPAGNI FASCISTI

«Cosa volete fare contro Salvemini?» (sono di medicina).
«Vogliamo dargli noia. Disgraziatamente ora non si bastonano più, ma qualcuno che gli tira una rivoltellata se continua così lo troverà di sicuro».
«Ma che ha fatto?».
«Ha tradito l'Italia».
«Perché?».
«Va a Londra a trattare un periodo inglorioso della nostra storia (dal '70 al '14)».
«Perché inglorioso?».

«Perché sì».

«E se anche lo fosse?».

«Non avrebbe diritto di farlo».

«Cosicché uno storico prima di scrivere dovrebbe andare al fascio a chiedere se il periodo scelto è *«secondo il fascio»*, glorioso o inglorioso? E se il fascio lo reputa inglorioso non è lecito studiarlo. Ora badate che ogni partito vede a suo modo la *gloria*. Dove vanno a finire gli studi storici?».

«Già voi con la vostra storia *pura, imparziale, scientifica* siete quelli che ci avete portato al bolscevismo».

«E come mai?».

«Lavorando sempre contro l'Italia».

«Ma scusate, Salvemini non voleva la Dalmazia solamente perché pensava che fosse una catastrofe per l'Italia».

«Salvemini è un porco. Domandalo a tutti gli studenti».

«Non gli studenti suoi».

«Gli studenti di Salvemini sono dei maiali e noi lo bastoneremo».

«Badate che all'estero non farà una bella impressione».

«Ora non siamo più ai tempi in cui l'Italia era una serva. Ora *comandiamo noi!* Siamo stati a un pelo dalla guerra con l'Inghilterra e l'Inghilterra ha avuto paura! Stentiamo tanto a riprender l'antico prestigio e degli uomini come Salvemini vengono a intralciare il glorioso cammino».

«Ma che cosa abbiamo perduto?».

«All'Italia non le hanno dato niente».

«O Trento e Trieste?».

«E Zara che ha solo un interland di terre bruciate?».

«Ma volete dunque togliere tutto alla Jugoslavia?».

«Caro mio, chi è più forte ha ragione in guerra».

«Non dobbiamo dire noi che siamo deboli e che accusiamo di questo gli alleati».

«Se lo dicono loro dobbiamo esser noi i coglioni (!!!)».
«Io dico che noi si dovrebbe sostenere il diritto, invece...».
«Sì, *i nostri diritti!*».
«No, *i diritti di tutti!*».
«Mi pare che tu possa fare il filosofo. Va là, non capisci niente di politica. Faresti bene di stare attento. Perché noi faremo una seconda ondata. E guai! Elimineremo quelli che avremmo dovuto ammazzare durante la marcia che *purtroppo è stata incruenta*».
«Come? Tu ammazzeresti un uomo così tranquillamente? O le leggi?».
«Le leggi si sorpassano in momenti eccezionali».
«Ma se siete al governo! Avete tanti mezzi di punire i colpevoli e di difendervi quanti non sono mai stati dati a nessuno Stato nei secoli precedenti, e volete ancora ricorrere ai metodi rivoluzionari. Perché mi dite di scendere dalla bicicletta sul marciapiedi e poi violate il codice penale?».
«Perché la bicicletta dà noia al passante».
«E l'assassinio di Salvemini credi non darebbe noia a nessuno?».
«Fortunatamente non sono tutti come te!».
«No. Voi dovreste fare un articolo nel codice, che dice: I professori di Università che fanno lezioni sulla storia d'Italia che va dal '70 al '14 saranno fucilati. Così sarete meno rivoluzionari».
«Troppo onore. Noi eliminiamo i traditori e poi li buttiamo in là col piede perché il loro puzzo non ci dia noia».
«Un mio compagno triestino mi diceva: *Peggio che sotto l'Austria!*».
«Era certo una spia! Del resto tu sei *troppo della tua opinione*».

XII

1° Agosto.

È venuto l'accordatore. Quando siamo sulla scala mi sussurra: «Che tempi! nevvero, che tempi! Di giorno è notte, di notte è giorno!» ma si interrompe, si guarda intorno e mi dice: «Non si è sicuri in nessun posto, neanche da lei!». È molto inquieto e sospettoso. Io gli dico ridendo: «Da noi, meno che dagli altri!».

3 Agosto.

Da un mese papà non riceve dalla «*Dépêche*» il solito ammontare dei suoi articoli. Scrive all'amministrazione. «L'ammontare è stato spedito regolarmente». Papà reclama. Oggi riceviamo un biglietto da cinquecento franchi francesi chiuso in una busta intestata all'ufficio postale di Ventimiglia. Il direttore di detto ufficio ci avverte che «essendosi sgualcita la busta della «*Dépêche*», la posta aveva dovuto sostituirla». La «*Dépêche*» invia sempre i pagamenti in busta solidissima munita di cinque sigilli di ceralacca!

7 Agosto.

Quest'oggi – domenica – è venuto su Jack la Bolina. Egli ci racconta le disgrazie di un comune amico, R., un letterato fine, elegante, colto, già collaboratore regolare di parecchi giornali e riviste, da qualche anno messo al bando. Due mesi or sono gli erano state fatte pressioni perché si iscrivesse al balismo. Se si fosse iscritto, le riviste e i giornali a cui collaborava anticamente l'avrebbero riassunto, un giornale anzi, la «*Gazzetta di T.*» faceva offerte precise, brillanti: 500 lire per articolo. R. si iscrive, la «*Gazzetta di T.*» gli dice di iniziare la sua collaborazione con due articoli contro Croce. R. esita, è crociano, poi, sebbene a malincuore, li scrive. Ieri la «*Gazzetta*» lo ha liquidato senza indennizzo e senza spiegazioni, pagandogli i due articoli metà del prezzo concordato. Gli altri giornali e riviste si sono squagliati; R. è rimasto sul lastrico tale e quale come prima, ma in condizioni infinitamente peggiori perché per i fascisti è «bruciato», per gli antifascisti «un traditore».

Beffe del genere sono assai frequenti; esse rappresentano per gli agenti che le riescono dei meriti grandissimi per salire nella gerarchia del balismo – qualcosa come la «pugnalata» per gli aspiranti alla «onorata maffia». Esse infatti testimoniano nell'istigatore, la coesistenza di tutte le qualità apprezzate dal balismo; perfetta malafede, mancanza di scrupoli, di senso morale e una certa immaginazione del male, quale è necessaria per mantenere in vita il regime. Queste beffe sono poi preziose per i balisti per altre ragioni:

1. Il balismo ha a propria disposizione per un altro il posto promesso.

2. Ha nelle sue mani il neo convertito legato mani e piedi meglio che in qualunque altro modo. Che cosa potrà infatti fare il disgrazia-

to neofita caduto nella rete, se non intensificare il suo zelo balista, sperando che in luogo delle brillanti promesse, gli si dia almeno qualche briciola? E che altro mezzo rispetto agli amici gli resta di mostrare qualche dignità, se non dimostrandosi convertito «sincero»?

Parecchi elementi concorrono a rendere queste «beffe» abbastanza facili:

1. Non c'è in Italia classe indipendente, anche i proprietari di terre, anche i commercianti, anche gli industriali dipendono dal governo, quali per le tariffe, quali per i permessi di lavoro.

2. Esistono nel balismo due correnti che parrebbero doversi eliminare, e che viceversa si appoggiano l'una l'altra. L'una è la corrente vera, quella dei Farinacci, dei Balbo, dei Turati, degli Arnaldi, che non hanno alcun principio, alcun ideale, alcuna aspirazione, se non quella di restare al potere per guadagnarvi sopra. «La compagnia della mangianza» come la chiama il popolo, che non nasconde le sue intenzioni di continuare la traiettoria tracciata con le bombe, coi pugnali, con le spedizioni punitive, se trova qualche resistenza.
Ma c'è un'altra corrente, quella dei nazionalisti, dei conservatori sciocchi (più numerosi assai che non si creda) pei quali «il fascismo vuol difendere l'Italia dal bolscevismo, vuol tener alto il nome d'Italia che il trattato di Versailles ha calpestato ecc. ecc.» Per questi LUI è magnanimo, generoso, onesto! LUI è stanco degli elogi (LUI che dimette anche il professore di matematica che comincia i suoi corsi senza incensarlo!!!). LUI desidererebbe una cosa sola: il ritorno al regime normale. LUI vuole il lustro dell'Italia. Ah se gli intellettuali tipo Sforza e Ferrero fossero con noi!! Noi non avremmo desiderato di meglio che seguire i loro insegnamenti! Sono gli intellettuali che hanno abbandonato noi, non noi gli intellettuali» ecc. ecc.

Questa corrente non ha alcuna forza ma i suoi esponenti sono una preziosa massa di manovra di cui i balisti si servono abilmente, come dei merli acciecati, per attirare gli altri uccelli nella pania. Quando le vittime sono cadute, i merli non perdono perciò le loro illusioni. «LUI non sa nulla! Se LUI avesse saputo! È tanto mal circondato!».

«Non sa nulla», «sa tutto» si alternano invariati, nelle stesse bocche, senza che coloro che pronunciano l'una dopo l'altra le due frasi si diano conto che sono contraddittorie.

In fondo per aver qualcosa in regime balista non basta e non vale «curvar la schiena» e neppure aver la tessera. Molti anche in alte posizioni non hanno la tessera, e molti tesserati non hanno pane. Quel che serve in regime di forza è solamente «la forza» o meglio quella speciale attitudine alla violenza, alla immoralità, al sadismo, alla sopraffazione, che è propria della parte peggiore dell'umanità. Per questi il balismo rappresenta veramente «il paradiso», e il fascino che il balismo esercita nel mondo farebbe credere che costoro sono la maggioranza!

Dicono a Firenze: «Tre cose non possono andare insieme: onestà, intelligenza e fascismo. Chi è onesto e fascista non è intelligente, chi è intelligente e fascista non è onesto, chi è onesto e intelligente non è fascista».

9 Agosto.

Oggi c'erano ancora, ospiti Lutoslawski e la signora Lagervald – verso l'ora del pranzo abbiamo visto arrivare il solito commissario, che si è chiuso nello studio con papà. C'era già la minestra in tavola fuori, e ci è rimasta per un pezzo. Poi papà è uscito sventolando un telegramma e chiamando la mamma. Come le galline intorno al becchime, ci siamo ritrovati tutti in un baleno, intorno al telegramma che diceva:

1927

«Telegramma N. 28.677 – Roma. Giorno 7-8 – Ore 14,40-15,8.
"*New Statesman*" pubblica lettera anonima informante che Guglielmo Ferrero avrebbe avuto ordine di ritirarsi da Firenze nella sua casa di campagna. La lettera prevede possibile premeditato piano uccisione Ferrero e conclude pubblicità pericoli che lo minacciano potrà forse salvarlo.
Comunichi quanto precede Prof. Ferrero, lo inviti telegraficamente smentire queste fandonie.
Mussolini».

Il governo chiedeva a papà che smentisse che lo voleva assassinare. Papà ha risposto che intendeva prima di fare una smentita di vedere il giornale, e almeno di sapere se si trattava del «*New Statesman*» americano o dell'inglese.
Lutoslawski era in istato di vera, costernazione: «Non avrei mai creduto – diceva – che un governo si occupasse di questi particolari!»
Siamo tornati a pranzo dove non osammo, per via dei poliziotti, parlare del fatto, ma ci pensavamo tutti quanti.

9 Agosto.

Non è successo niente. Il commissario prefettizio non è tornato col giornale.
Viene a vederci un'amica della mamma che ritorna da un Congresso internazionale femminista tenutosi la settimana scorsa a Roma. 500 partecipanti, organizzazione perfetta, alberghi a tariffa ridotta, ricevimenti sontuosi, escursioni meravigliose, ecc. ecc. Il Congresso doveva finire con un discorso di Bal. L'antivigilia della chiusura, le congressiste furono prevenute che per assistere alla seduta finale dovevano passare al segretariato coi relativi passaporti, ritirare

una tessera speciale colla quale presentarsi all'ultima seduta del Congresso.

Le congressiste si precipitano al segretariato, la maggior parte conquista la tessera e il domani si presentano come è nel programma prima delle nove antimeridiane. Nuovo esame individuale, dopo di che le signore sono pregate di restare ciascuna silenziosa e immobile al proprio posto. Le 500 signore si siedono è aspettano, aspettano... È difficile di tenere immobili e silenziose 500 signore per un tempo indeterminato. Dopo mezz'ora qualche signora comincia ad agitarsi, a bisbigliare con la vicina. A un tratto una signora che aveva una borsa rossa si alza con l'intenzione di anelare a sedersi qualche fila più sotto dove aveva scorto un'amica. A questa vista è dato l'allarme, centinaia di camicie nere si precipitano nella sala: prendono di peso la signora che ha avuto la malaugurata idea di spostarsi e la portano in guardina. Tutte le signore presenti sono invitate a aprire le loro borse e restare immobili al loro posto per subire una minuziosa perquisizione. Qualcuna, giudicata sospetta, è invitata a uscire dalla sala. Segue un'altra mezz'ora di attesa silenziosa. Dopo di che un ministro arriva, previene le congressiste che all'ultimo momento Bal indisposto l'ha pregato di sostituirlo ecc.

Se le congressiste, tornate all'albergo, avessero letto nei giornali, delle satire contro le precauzioni prese per proteggere questo invitto eroe, che tremava davanti a una borsa rossa, esse sarebbero tornate ai loro paesi indignate contro il balismo e i suoi costumi, ma siccome all'uscita del Congresso esse avevano trovato invece dei giornali indignati contro la signora dalla borsa rossa, esse si sdegnarono alla loro volta contro la signora. L'amica della mamma, avvocatessa intelligente, trovava essa pure che la signora aveva avuto tutti i torti.

12 Agosto.

L'autore di un articoletto sulla «Rivolta del figlio» ci fa sapere che l'articoletto gli ha valso un esemplare del giornale con frasi indignate scritte a lapis rosso da Bal e capo del balismo in persona.

XIII

23 Agosto.

Il brigadiere di Strada a cui siamo tenuti di comunicare nome, cognome e posizione di ciascuno dei nostri ospiti, ci fa sapere che «se non ricevessimo tanti forestieri la sorveglianza ci sarebbe tolta». Falso! Il via vai di amici stranieri che vengono all'Ulivello, non solo ci toglie dall'isolamento in cui saremmo, ma è la sola arma che abbiamo nelle mani contro il governo. Se non ci perseguitano di più è perché abbiamo queste visite.

Tutte le situazioni sono sopportabili se se ne vede la transitorietà, tutte le sofferenze sono sopportabili se se ne vede la ragione. Ma noi non possiamo prevedere quando questa situazione avrà fine, e non vediamo al nostro soffrire alcuna ragione. Comincio a credere che felici sono gli uomini i quali hanno a lottare solo contro il fato non contro gli uomini.

27 Agosto.

Leggo nel «*Nuovo Giornale*» di Firenze:
«Come già sapete giorni or sono era stato arrestato a Milano Umberto Poggi sotto l'accusa di non aver obbedito alla ingiunzione

di questa Questura di raggiungere subito Genova. Oggi egli è comparso dinanzi al Pretore che lo ha condannato a 25 giorni di arresto. Il Poggi ha detto che egli non si era recato a Genova per paura di «cattivi incontri». È stato provveduto per la sua; traduzione nella nostra città».

È ufficiale dunque che anche i fasci e la Questura possono mandar via da una città, dall'impiego, dalla famiglia un disgraziato senza dirgli la ragione di questo castigo. Vero è che ciò si faceva fin dall'inizio del fascismo, ma i Tribunali Speciali erano stati creati per assorbire essi questa funzione.

Bourrage de cranes.

Dal giornale «*L'Idea Fascista*» di Salerno:

I dati dell'Unità Rivoluzionaria

«La Rivoluzione fascista si differenzia da tutte quelle che l'hanno preceduta nella storia della civiltà per una caratteristica essenzialmente latina e italiana: l'originalità.

Essa è stata infatti: disciplinata, gerarchica, generosa, onesta; e sopratutto meditata e gradualista tant'è vero che solamente adesso a distanza di cinque anni dal suo inizio, se ne comprendono con certezza gli scopi definitivi.

...Ma l'unità è essenzialmente politica e si costituisce nel nome della fede fascista, cioè nel partito il quale è la forza che rende possibile la collaborazione materiale di tutte le categorie giuridicamente organizzate, essendo esso il fulcro su cui appoggia la nuova organizzazione della società italiana».

SETTEMBRE – OTTOBRE

1° Settembre.

La mamma torna oggi da Torino dove ha dovuto precipitarsi a causa dell'amministrazione della sua famosa casa. Aveva ricevuto da un pretore di Torino un'intimazione ben stramba. Essa avrebbe dovuto restituire 500 lire a un tizio che non aveva mai visto né conosciuto. La chiave dell'enigma? Due anni or sono Teresa era riuscita con prodigi di abilità e di tenacia a ottenere lo sfratto di due signorine che occupavano da sei anni un alloggetto (il più bello) della casa della mamma e da due anni non pagavano il fitto (una era l'amante di un gerarca). Le signorine non erano ancora partite, che già una lunga fila di aspiranti si presentavano a Teresa per ottenere – quando lo sfratto sarebbe stato eseguito – la concessione di questo alloggio... La scelta della Teresa era caduta su un provinciale che da due anni aveva aperto un negozio a Torino e non aveva ancora potuto trovare un alloggio dove allogare la famiglia. Questo negoziante aveva messo un avviso sul giornale dichiarandosi disposto a dare una forte mancia a chi gli trovasse questo alloggetto. Un sensale che aveva letto l'avviso si era presentato a Teresa e le aveva promesso 500 lire se accettava il negoziante come inquilino... Informatasi e saputo che l'inquilino era buono dal punto di vista morale (era legalmente sposato con due figli) e solvibile dal punto di vista finanziario, Teresa aveva accettato il contratto, prese le 500 lire e concesso l'alloggio. Date le pene e i rischi a cui si era sottoposta per ottenere questo sfratto essa aveva trovato giusto che chi ne usufruisse le desse qualcosa.

Ora, nelle leggi decretate a luglio contro i padroni di casa ce n'era una per la quale i padroni di casa che avessero preso mance per locare i loro alloggi dalla fine della guerra in poi erano tenuti a restituirle coi relativi interessi. Siccome l'inquilino, un buon diavolo, sapeva che Teresa non era la proprietaria, non si era sognato, alla pubblicazione della legge, di reclamare niente, ma ci pensò il sensale (?) o un avvocato (?). L'uno o l'altro o tutti e due avevano persuaso il locatario a far causa non a Teresa, ma alla mamma – poiché la mamma era antifascista, e ricca (?) nessun dubbio che il Pretore avrebbe accettata la tesi dell'avvocato – la quale avrebbe preso quella mancia! (notare che in quel periodo la mamma non era mai stata a Torino!).

La mamma è ritornata senza aver potuto concludere nulla. Da un lato l'avvocato nostro la consigliava di cedere, poiché l'inquilino, egli diceva, avrebbe trovato quanti testimoni voleva a giurare il falso e quanti pretori voleva pronti a dargli ragione. D'altra parte Teresa minacciava di suicidarsi o di ammazzare l'inquilino e l'avvocato se mamma cedeva. «L'inquilino non aveva mai visto la mamma, non poteva giurare di averle dato i denari; e se il governo non voleva si prendessero mance per cedere un alloggio, non doveva essere permesso pubblicamente ai sensali di offrirle nelle quarte pagine dei giornali. Non si può condannare uno per un'azione che era permessa quando fu fatta». L'idea della retroattività delle leggi è troppo assurda perché un'ingenua popolana possa credere una simile ingiunzione possibile.

Mamma ha deciso di vendere la casa. Impossibile di togliere l'amministrazione a Teresa, impossibile di far capire a una popolana che ha un'idea troppo giusta della giustizia che il governo può proteggere i testimoni falsi e condannare gli onesti; può fare delle leggi ingiuste e imporre di rispettarle anche retroattivamente e che i signori devono piegarsi a queste ingiunzioni.

10 Settembre.

Viene un Commissario prefettizio. Ci porta una assicurata della «*Dépêche*» aperta, con nome, cognome e verbale dei testimoni che avevano presenziato all'atto di apertura dell'assicurata. Papà protesta. Dichiara che farà protestare presso il procuratore del Re: «segreto postale, ecc.». Vuol far causa alla Questura. Il Questore prega il nostro avvocato di desistere: «Che vuole? Son tutti matti. Ci era stato affermato che la lettera conteneva le fila di un complotto contro il capo del governo». (Essa conteneva una semplice banconota da 500 franchi). È la quarta volta che fermano le lettere della «*Dépêche*»! C'è buon senso a immaginare che noi organizziamo complotti, e che li organizziamo con lettere intestate a un grande giornale, con una busta chiusa con cinque timbri di ceralacca e assicurata?

Il «buon senso» dovrebbe essere di nuovo considerato con più rispetto. Il buon senso è la sola qualità forse che sia necessaria a tutti gli uomini. Per l'artista «buon senso» vuol dire «senso artistico», quell'attitudine cioè a capire fino dove si può arrivare, e a che cosa bisogna rinunciare; per l'uomo politico vuol dire «senso politico», cioè quell'attitudine a capire su quali elementi si può realmente contare e come si distingue il possibile dall'impossibile, il sogno dalla realtà, il presente dal passato; per l'uomo normale vuol dire «senso pratico», e cioè l'attitudine a capire con quali mezzi si risolvono i piccoli problemi che ad ogni persona cadono in sorte, in qual misura valga la pena di risolverli o di patirli, fino a che punto si debba concedere al piacere o al dovere, con quanti sacrifici si debba pagare una gioia.

E in verità, chi manca di «buon senso», non è, come si crede per un vecchio equivoco, l'artista (che non manca di buon senso, ma ha un «buon senso» diverso da quello dell'uomo politico o dell'uomo pratico) ma più spesso il «borghese», e cioè l'uomo che non ragiona con la sua testa. Quando il borghese applaude una brutta commedia, solo perché è stata scritta da un autore celebre, manca di «buon senso»; quando il borghese applaude a una politica nazionalista per l'illusione che ingrandendo in centimetri quadrati il suo paese, qualche cosa ne verrà anche a lui in grandezza, manca di «buon senso»; e quando si dispera per davvero e protesta e si dimena e fa una scena alla moglie, perché la minestra sa di bruciato, manca di «buon senso» perché non sa inquadrare quel suo guaio nell'universo e metterlo in scala. Perché, ad ogni persona, dal punto di vista personale, «buon senso» vuol dire «attitudine a giudicare delle cose proporzionalmente l'una all'altra», e questa è in verità la qualità più filosofica che sia concessa all'uomo.

Come può il borghese conservare il suo «buon senso» che è giudizio personale, quando il «ragionar con la propria testa» diventa il peggiore dei delitti?

Seccature e sciagure.

Vado facendo l'esperienza, in mezzo a tutti i guai che ci bersagliano che il dolore è in ragione della capacità di soffrire, non della grandezza della sventura che ci colpisce. Cinquanta piccole seccature possono essere più insopportabili che una vera sciagura. Quelle che ci stanno capitando sono delle più o meno grandi seccature, ma Papà ne è sopraffatto...

Rimbecillimento forzato.

Inchiesta Mondadori ai letterati italiani.
Alcune fra le domande:
«Fra due artisti in lite per questioni private, quale forma di duello

reputereste più opportuno, in relazione alla loro arte?».
«Come definireste l'eleganza e l'uomo elegante?».
«Qual è la bestia che preferite, e perché?».
«Credete che la moda dei capelli corti influisca sul temperamento della donna?».
«Siete o no dell'opinione di abolire il collo inamidato?»
«Siete appassionati per il gioco? Quale?».
«Sapete darci una sintetica definizione del poker o del whist, ecc.?».
«Siete per il Lei, per il Voi, o per il Tu?».
«Come vestireste dieci personalità viventi del mondo letterario?».
Anno di grazia 1927.

18 Ottobre.

C'è stato il 10 ottobre un Congresso di Storia a cui papà era stato invitato. Con questo pretesto papà aveva chiesto in agosto ancora i passaporti. (Era sicuro di non averli, ma Lutoslawski, forte della sua esperienza con la Russia, aveva consigliato di non stancarci, di mettere le autorità nella necessità di negare pubblicamente e ripetutamente quello che negavano tacitamente). Ai primi di settembre era venuto da noi il capo gabinetto del Questore, per comunicarci che «non potevano concederci i passaporti». Ieri il *Figaro* pubblicava il seguente comunicato dell'Ambasciata di Parigi:

«Alcuni giornali danno notizia che Guglielmo Ferrero non può prendere parte al Congresso di Storia di... perché gli sono stati negati i passaporti. La notizia è falsa: Ferrero ha i passaporti, e se non è andato a quel Congresso è perché non desidera prendervi parte».
Firmato: l'Ambasciata di Parigi.

Papà risponde con una lettera al *Figaro*:

«Come il più antico redattore, credo, vivente del *Figaro*, mi rivolgo a lei, signor Direttore, pregandola di smentire la smentita dell'Ambasciata. Io non ho preso parte al Congresso perché non avevo i passaporti...».

20 Ottobre.

Il *Figaro* non ha ancora pubblicato e certo non pubblicherà mai la risposta di papà. L'Ambasciata è riuscita probabilmente a persuadere questo, che è uno dei giornali in cui papà scrive da trent'anni, a violare la legge francese sulla stampa a danno di papà.

Papà è molto nervoso. Non vuol rompere col *Figaro*. E poi, l'incertezza delle risonanze lo angoscia. Qui siamo in un mondo in cui ogni passo può avere delle conseguenze inevitabili. Non si può far nessun calcolo. Ma io e la mamma siamo per natura più imprudenti e impulsivi, spingiamo papà invece di frenarlo, e questo lo irrita. Gli uomini concepiscono la famiglia come un freno, non come uno sprone – esigono dalla famiglia di essere trattenuti. Ma probabilmente ha ragione lui. In ogni modo capisco il suo disorientamento: papà è vissuto cinquant'anni in un mondo regolare e senza misteri per lui, in cui poteva misurare, fin da prima, il valore di ogni suo gesto. Ora si trova tra i pazzi, e la sua saggezza è come uno strumento che non serve più, una chiave, quando è stata cambiata la serratura. Avrebbe voglia di non pensar troppo a tutte queste miserie!

24 Ottobre.

Due mesi fa la mamma ricevette una lettera dal dottor Bonansea, un discepolo del nonno, da vent'anni stabilitosi nel Messico. Ardente patriota, il dottor Bonansea aveva continuato a mandare dalla sua nuova patria delle magnifiche raccolte di animali, piante, ossa, scheletri, a parecchi musei botanici, naturalistici, antropologi di Torino e Milano. In Messico aveva fondato una Società di studi antropologici intitolata a Lombroso. Nazionalista di buona lega, era stato tra i primi fascisti in Messico, si era occupato molto degli immigrati italiani e prevedendo rivoluzioni, aveva scritto e riscritto a Roma sconsigliando di incanalare gli emigranti nel Messico... i fatti gli avevano dato ragione. Ritornato in Italia un anno fa per vedere la madre, credeva di essere accolto come un profeta, invece era stato accolto come un nemico e gli era stato immediatamente tolto il passaporto. Grida, traffica, mette in moto tutte le notabilità che conosce, finalmente uno zio vescovo riesce a strappare il passaporto. Felice, scrive alla mamma una lettera di sfogo: «Ah, finalmente me ne vado, cara signora, porto meco un testamento che se avessi da morire in mare, mi buttino in pasto ai pesci, perché preferisco i pesci di mare ai pesci di terra ed in Italia neppure morto ci voglio tornare». E giù di questo passo. Che imprudente!

Vediamo B. ieri. Ci racconta la fine dell'episodio. Partita questa lettera egli era stato chiamato in Questura.

«È lei che ha scritto questa lettera? – e gliela leggono.

«Sissignori, sono io».

«Come e perché ha scritto alla signora Ferrero Lombroso?».

«Perché sono un galantuomo, perché la signora Ferrero Lombroso onora l'Italia coi suoi scritti e con la nobiltà del suo animo. Dal Messico ho mandato molte collezioni in Italia. Quando sono tornato in Italia tutti mi hanno voltato le spalle, solo la signora Ferrero

Lombroso mi ha aiutato. Del resto, che lo vogliate sapere o no, Guglielmo Ferrero e Gina Lombroso sono i soli Italiani viventi conosciuti all'estero. In Messico i grandi uomini che voi venerate non li conosce nessuno. Parlate laggiù invece di Guglielmo Ferrero e di Cesare Lombroso, di Gina Lombroso e tutti vi faranno di cappello. E se anche doveste fucilarmi, lo griderei sui tetti che in Messico il più ribaldo dei capi si vergognerebbe delle gesuiterie che si fanno qui. E se non mi volete, perché tante storie per lasciarmi partire?». E così di seguito.

Il Questore lo prende per matto, lo lascia libero e riferisce al Prefetto. Il Prefetto lo manda a chiamare e Bonansea gli ripete gli stessi discorsi. Il dottore è ricondotto alla porta con tanto di riverenze da parte dei servi sbalorditi di aver sentito qualcuno parlar così forte in Prefettura. «Se uno osa parlar forte, vuol dire che è forte». Non è detto però che sempre chi parla forte in regime fascista ha ragione. Non c'è possibilità di stabilire regole. Oggi è la forza, domani è la debolezza.

Da Roma R. fa sapere alla mamma che è stato chiamato in Questura a rispondere del reato di averle scritto una lettera assolutamente innocente di commento alla «Anima della Donna». R. se l'è cavata dicendo che la sorella lo aveva incaricato di tale lettera.

Nella «*Nazione*» di Firenze:

«Risulta che è in corso l'istruttoria contro il giornalista Arnaldo Pavone, ex direttore del «*Risorgimento*» accusato di aver avuto rapporto durante alcuni viaggi da lui fatti a Parigi coi fuorusciti colà residenti. Il dottor Pavone detenuto nel carcere di Regina Coeli dovrebbe tra breve essere giudicato dal Tribunale Speciale». Dei semplici rapporti con amici lontani, vi possono mandar a confino per cinque anni!

25 *Ottobre.*

Eravamo stati invitati un mese fa a colazione dalla contessa della Cerda. La vediamo ieri, ci racconta che poche ore dopo che noi avevamo lasciato la sua casa, due agenti si erano presentati alla domestica (la padrona era assente) e le avevano ingiunto di riferire i discorsi che noi avevamo tenuti a tavola con la padrona. Spavento della domestica: «gli ospiti della contessa parlano sempre in francese e lei non capisce». «Dia almeno nomi e indirizzi». La cameriera non li sa. Breve, gli agenti si contentano di copiare il nome degli amici scritti nella rubrica del telefono; ma prima di partire minacciano la cameriera di ammazzarla (la mano nera) se riferisce alla padrona la loro venuta.

La cameriera non volendo tacere e avendo paura di parlare si licenzia, ma prima di partire, riferisce la cosa alla padrona.

La contessa dopo la colazione era stata chiamata in Questura, dove le avevano chiesto come e perché ci aveva invitati. Alla contessa non avevano fatto minacce.

In fondo agli amici che coraggiosamente han seguitato a venirci a vedere, che ci hanno accolto ancora in casa loro, non è successo assolutamente nulla. Alcune intimidazioni dapprima e poi più niente. Il giuoco dei fascisti è quello di «far paura». Se il fascismo avesse incontrato una certa resistenza all'interno o all'estero, si sarebbe dissolto ormai da un pezzo. Ma per opporsi a un regime illegittimo bisogna avere dei principi, aver coscienza dei propri doveri e di quelli altrui, e soprattutto di aver fede in questi principi. Quello che ha permesso al fascismo di divampare in Italia e attraverso il mondo è che la gente manca di fede anche nei principi che proclama più sacri.

28 Ottobre.

Oggi alle quattro dopopranzo, eravamo tutti in tinaia a veder bollire il vino, arriva Lidia tutta affannata. Il solito Carlo K., (che voleva ammazzarsi o ammazzare il duce o andare in Francia e che poi era stato assunto dalla Questura), era andato a cercarla e le aveva confidato spaventatissimo che, sbirciando nei libri della Questura, aveva potuto sorprendere un ordine venuto da Roma che ingiungeva di fare il giorno dei Morti una perquisizione all'Ulivello, e di prendere poi pretesto per mandare Ferrero al confino. (A Roma, egli soggiungeva, erano indignatissimi che noi avessimo continuato ad avere ospiti stranieri, e avevano concluso che ad eliminarli non restava che il confino). Se Lidia avesse voluto, con 100 o 200 lire, avrebbe potuto ottenere da un suo amico che copiasse il resto. Povera Lidia, spaventata aveva fatto a piedi sei chilometri per venirci a riferire!

Papà rifiuta netto netto di aver copia degli ordini. «Corruzioni? Abuso di funzionari. Niente, niente. Quanto alla perquisizione, vengano e si servano».

29 Ottobre.

Altra nottata come quella del dicembre passato.

Siamo stati su fino alle due di notte a rivedere e eliminare le carte, i libri, i giornali che fossero compromettenti che avevamo in casa (non c'era in verità gran cosa). Al mattino papà rifiuta netto di andare a Roma. Parte la mamma.

XIV

1° Novembre.

La mamma è ritornata. Ha parlato a Roma con parecchi amici che l'hanno rassicurata. Il racconto di Carlo è per loro una invenzione della Questura di Firenze, che cerca di dissuaderci dall'invitare amici stranieri (questi nostri ospiti, evidentemente sono noiosissimi testimoni). Forse anche la Questura vorrebbe allontanarci dalla campagna ove è molto difficile sorvegliarci. D'altra parte sono state fatte anche a Roma questa settimana centinaia di perquisizioni non seguite da arresti. All'on. R. hanno portato via carri di carte, che restituirono due giorni dopo. Anzi, fra le carte c'era tutto un carteggio della figlia dell'onorevole col suo fidanzato. Le lettere sono state restituite legate con un nastrino rosa e accompagnate da un biglietto di auguri.

4 Novembre.

Non è successo niente, nessuno è venuto a molestarci.

10 Novembre.

Cominciano a venire i resoconti del processo di Carlo Rosselli e Parri che avevano organizzato la fuga di Turati.

Pare che sia stato magnifico. È stato il primo processo a cui tutta la popolazione ha preso parte. L'hanno dovuto fare alle Assise perché il Tribunale non conteneva tutto il popolo. Il proprietario del carrozzone delle prigioni ha voluto condurlo sempre lui, come omaggio e ha messo dentro i cuscini di velluto rosso, dicendo che Carlo etc. «non erano davvero delinquenti, e che glielo voleva far sentire». Le donne hanno coperto il carrozzone di fiori, e baciavano le mani di Marion Rosselli per la strada. Il popolo aveva deciso di dar d'assalto alle prigioni, se la sentenza fosse stata sfavorevole. I giudici hanno deliberato quattro ore in camera di Consiglio, fino alle dieci di sera. Dopo tante e tante ore di processo, nessuno del pubblico si è mosso. E appena pronunciata la sentenza (erano pallidi e pare che uno sia svenuto) il popolo ha fatto una immensa ovazione alla magistratura italiana. E sono corsi tutti a dar la notizia a quelli che aspettavano in piazza, perché nella sala non ci capivano, e via via nei corridoi e nelle sale. Allora tutto il popolo, che gridava e applaudiva, e hanno voluto fare una dimostrazione agli imputati, e hanno cominciato ad aspettare che uscissero, una, due, tre ore.

Dopo la mezzanotte li hanno fatti uscire da una porticina laterale e hanno rispedito il carrozzone vuoto, sotto la scorta dei carabinieri e non dei militi. Allora il popolo ha capito il trucco e ha fatto una dimostrazione alla carrozza, gridando: «Viva Rosselli! Viva Parri! Viva l'esercito italiano!» (per i carabinieri). Dice che un avvocato fascista (quello di spirito) ha detto: «Dieci processi come questi e salta il regime».

R. dice che la difesa è stata come un'orchestra diretta dall'avvocato Erizzo. Che il discorso di Erizzo è stato così bello che tutti piangevano.

Una battuta dell'avv. Pellegrini: «Sì, si può sostenere che non c'era necessità di far scappare Turati, infatti i suoi amici avrebbero potuto dirgli, quello che diceva, dall'alto di un palmizio, su cui si era arrampicato, un missionario, al suo compagno, che i selvaggi stavano mettendo allo spiedo: consolati, fratello, sono gli usi del paese!».

Il finale del processo è stato questo. In un grande silenzio, Parri, con la voce un po' tremante, ha detto: «Sono stato proposto per la medaglia d'oro al valore; vorrei che mi fosse concessa per gettarla sul muso al regime».

Uno dei giudici ha detto, a voce alta: «Ma questi non sono due imputati, sono due eroi!».

Il Prefetto proibì subito ai giornalisti di segnare gli applausi, e impose loro di far dei sunti cortissimi.

Nella «Nazione» per esempio, era saltata tutta la deposizione del Commissario Bucarelli.

L'avvocato Erizzo, parlando di lui, disse: «E che dire di questa sconcia figura?...». Il Presidente lo interruppe dicendo: «Non insulti i testimoni». L'avvocato continuò: «Insultarli? Ma no, signor Presidente. Le dimostrerò che il solo aggettivo adatto per un uomo come il commissario B. è «sconcio». Come non si può chiamar sconcio un uomo che etc. etc.» (sempre con voce calma). E poi finì: «Sono sicuro che anche lei, signor Presidente, pensa in fondo al cuore di non dover mai dipendere un giorno da un «testimonio come il Commissario Bucarelli!».

Chi brillò inaspettatamente è stato l'avv. Luzzato, di Savona, che cominciò parlando molto male della legge che... della legge che... A un certo momento lo interruppe il P. M., dicendo: «Ma lei dimentica che io sono il rappresentante della legge». «Io non dimentico niente – rispose l'avvocato – dicevo appunto che lei non ci fa una bella figura a rappresentarla quella legge».

E poi: «Il commissario B. dice che in verità l'on. Turati non correva nessun pericolo reale – (pausa). – L'ammiraglio di Coligny, che si era rifugiato sul tetto in camicia s'è sentito rispondere la stessa cosa dai commissari dell'epoca, che trovavano molto ridicolo un ammiraglio in camicia sul tetto. Eppure un anno dopo la testa dell'ammiraglio girava alla punta di una picca (sic)».

E poi: «L'on. Bal. ha detto che 100.000 giovani sono pronti a difenderlo. È un fenomeno di seduzione, come le donne. L'on. Turati ne ha trovato solo due – (pausa) – È più vecchio.»

Poi concluse con l'arringa cambiando tono e dicendo come per la prima volta sentisse l'onore di vestire quella toga e come quello fosse il grande avvenimento della sua vita dopo che aveva difeso tante cause inutili.

Erizzo cominciò il giorno dopo così: «Ha fatto male, l'avv. Luzzato, a dire le cose che ha detto, e ha fatto bene il Presidente del Tribunale a riprenderlo. (Il Presidente si riaggiusta la toga). In verità, quelle cose non si dicono, – (pausa) – si pensano. – (Pausa lunga). – Anche il Presidente le pensa, ma non le dice. – (Pausa più lunga). – Tutti le pensano (urlando) ma nessuno le dice».

Pare che quando il Parri disse la frase della medaglia d'oro, una voce gridò dal pubblico: «Bravo!». Il Presidente, severo, chiese: «Chi ha gridato bravo?». Allora si avanzò un vecchio signore: «Sono suo padre» disse.

20 Novembre.

Per la commedia (dramma).
V. Scena dei poliziotti.
Fare una scena, in cui c'è uno che passeggia sempre con due lettere, una del tiranno, l'altra dell'anti-tiranno, e le fa vedere volta a volta ai tirannisti e agli altri. Ma una volta si sbaglia e fa il rovescio.

Forse si potrà aggiungere che l'anti, sapendolo improvvisamente nelle buone grazie del tiranno, lo prenda sotto il braccio e gli chieda una raccomandazione.

Gli uomini più sono mediocri, meno sono sensibili alle qualità individuali degli altri, e più raggruppano gli estranei in categorie larghe: religione, razza, nazione. I nazionalismi, gli esclusivismi sono in genere semplici salvaguardie a protezione dei mediocri.

Per la commedia (dramma).

26 Novembre.

La signora X ha dato un ricevimento in onore della mia laurea. Parecchia gente. Si parla del più e del meno. E mi racconta che aveva fissato una *nurse* in Svizzera per il suo bambino. Le aveva scritto una lettera nella quale faceva le sue condizioni: tanto al mese per sei mesi, tanto per il viaggio in terza classe da Ginevra a Domodossola, tanto per il viaggio in seconda classe da Domodossola a Firenze, perché le terze italiane sono sudicie, ecc. ecc. La signora è chiamata dalla polizia: «Lei ha scritto questa lettera?» e gliene danno copia. «Un italiano dovrebbe sapere che certe, cose sono offese contro la patria. Le terze italiane non sono sporche. Sa lei che potremmo per quelle parole mandarla al confino? Ma visto che suo marito è un buon fascista, ci contentiamo, ecc. ecc.».

La signora B. che sente il fatterello, ne racconta uno più salace ancora di cui era stato testimone il marito. Erano quattro viaggiatori nel treno che veniva da Milano a Firenze. Un viaggiatore racconta che è fidanzato e che è aspettato a Bologna per un ricevimento dai parenti della fidanzata. Un secondo parla dei figli. A Bologna il fidanzato, prima di scendere, dà il biglietto di visita all'altro: «Signor Tale, piazza del Governo Provvisorio, Milano». «Questo è un biglietto di una congiura» dice il secondo signore. «Ma le pare – protesta il primo – io abito a Milano a questo indirizzo». Le proteste non valsero a nulla e il povero fidanzato dovette a Bologna seguire il secondo signore in guardina.

Una terza signora interviene e racconta una storia ancora più divertente. Da qualche settimana hanno ordinato ai panettieri di mettere una certa quantità di crusca nella farina. Tutti ne soffrono, Balboni, fornaio chic della città, ha ottenuto il permesso di fare il pane di piena farina per gli Inglesi e gli Americani. L'altro giorno miss Smith riceve la sua solita razione di pane e trova che non è buono. Telefona al Balboni, lagnandosene. «Lei si è sbagliato, mi ha mandato il pane del governo». Balboni si scusa, le manderà il pane speciale. Cinque minuti dopo arrivano dalla signora Smith due figuri in camicia nera e domandano di lei.

«La signora è nel bagno».

«Esca subito».

La signora Smith esce dal bagno molto seccata.

«Lei ha telefonato a Balboni dicendo che il pane della città è pessimo».

«È la verità».

«Questo si chiama disonorare il paese. Noi potremmo mandarla a confino».

«Per fortuna mia – scoppia miss Smith che è assai collerica – sono americana. Se mi fanno delle storie, riparto domani per New York». Pianta in asso le camicie nere e ritorna nel bagno.

Naturalmente non le è stato torto un capello.

XV

30 Novembre.

È venuto il capo gabinetto del Prefetto per i nostri passaporti (della Nina e mio). Siccome per chiedere un passaporto bisogna addurre una ragione, consigliati dal Questore stesso, avevamo addotto: la Nina «per ragioni di studio», e io «per ragioni professionali» volendo i Pitoeff a Parigi e Osterva a Wilno, dar le mie «Campagne senza Madonna». Il capo di gabinetto riferisce che i messi speciali dell'Ambasciatore di Parigi e di Varsavia hanno interrogato rispettivamente i Pitoeff a Parigi e Osterva a Wilno sulla necessità che io presenziassi la rappresentazione della mia commedia. Le risposte non erano abbastanza nette. Da Roma si chiedevano ulteriori spiegazioni in proposito.

Papà ha cominciato a urlare: «La rappresentazione è un pretesto. La verità è che io voglio che i miei figli vadano all'estero per non assistere all'obbrobrio con cui il governo attuale tratta me e con me tutti gli Italiani onesti e intelligenti. Io voglio che vadano all'estero per non diventare imbecilli come voi volete ridurre tutti gli Italiani. È forse abolita l'autorità paterna? Dica al suo capo che sono io che voglio che i miei figli vadano all'estero e che con passaporto o senza andranno».

C'era una lacuna qui nel diario di Leo. Alcune pagine sono state strappate. Forse Leo ha temuto fossero troppo compromettenti. Le sostituisco con questa lettera a Nello Rosselli data a confino, trovata nel diario, che pensiamo non sia stata mandata, ma che riflette bene lo stato d'animo di Leo e dei suoi coetanei in quel momento.
(Nota del redattore)

«Caro Nello,
Se non ti ho più scritto per tanto tempo è proprio perché non m'è riuscito di scovare un minuto di tempo in cui la mia testa non fosse «en capitolade». Figurati che ho stabilito il 17 agosto di fare una tesi qualunque per l'Università, e che il 10 ottobre ne presentavo una ben dattilografata e eruditissima» (!) al segretario, nientemeno che su «Leonardo e il concetto d'opera d'arte» (3000 volumi di bibliografia).[1] Aspettando dunque di diventare, tra la meraviglia dei miei amici, che non ci credevano più, dottore, ti scrivo. E ti dico subito con quanta commozione abbiamo seguito le vostre vicende.

Io ho scritto, oltre la tesi, e precisamente stamane, nientemeno che una poesia «All'Italia». E sto componendo un programma per Solaria, che dovrà essere quest'altr'anno più seria e grande. A proposito: avevamo abbonato Carlo a Ustica. La riceverai tu. Ti divertirai forse a leggere una mia commemorazione di...

Ma questi sono tutti cataloghi, lo odio le lettere cataloghi, ma come si fa?

Certo quando scrivo a te, a Ustica, mi vien fatto di pensare a molte cose. L'altro giorno un Francese mi parlava con serietà del pericolo del comunismo in Francia: io mi sono messo a ridere. Questo ridere è nostro, Nello. Abbiamo acquistato un'incredibile esperienza politica

---

[1] Non li ho letti tutti.

in questi anni. È buffo, non ce ne rendiamo ancora conto. Quante cose abbiamo visto, ben chiare, ben dimostrate, nelle viscere! Questo periodo, che magnifico campo sperimentale è stato per noi. Perché tutto quello che una volta si diceva «chi sa, forse, bisognerebbe vedere» si è visto. Ma tutto – in politica, in economia, in agricoltura, in istruzione pubblica. Chi ha mai visto così giovane, delle lezioni così violente e rigorose di saggezza? E poi, quante piccole facciate rovesciate: non so se hai visto che alcuni giornali cominciano a dire che, salvo una, il diritto di critica deve essere un po' riammesso. È interessante. Una volta c'era un monopolio letterario retto da cinque o sei critici, sette od otto scrittori, e qualche direttore di giornale o editore, che funzionava benissimo, perché il pubblico non lo sapeva. Si elogiavano gli uni e gli altri e il pubblico ammirava dunque tutti. Ma ora il monopolio è stato smascherato dal rigore con cui è stato applicato. Queste cose van fatte con garbo. E i giornali domandano che venga di nuovo un po' nascosto, con qualche apparenza di critica, ma non è più possibile. Siamo finalmente liberi! Che illuminazione retrospettiva di vita italiana!

Mi sono messo a studiare anch'io: filosofia e scienza. Mi sono letto *La critica del giudizio* di Kant. È l'ultimo volume: bisogna cominciare dall'ultimo e andare indietro. Ho visto che è il miglior sistema.

Ma dimmi tu, di te, Nello. Mi secca di raccontarti continuamente i miei fatti personali. Non so chi ha detto che l'amicizia è proprio questo, ma io vorrei che fosse qualche cosa di meglio! Dammi tu della materia tua. A Ustica ne troverai, no?

Se c'è Maria con te salutala tanto. Tutti qui vi ricordano continuamente e vi salutano.

Ti abbraccio.

Leo.

1927

PER LA COMMEDIA (DRAMMA)

«Figurati: ha detto in pubblico questo e questo».
«Che c'è di male? Sono cose vere». «Dir le cose vere! Questo non è patriottismo!».

Cominciare con la rappresentazione di un paese in cui tutti siano sottosopra perché il Padrone vuol venire a prendere la più bella ragazza del luogo. È stato indetto un meeting di protesta – a cui nessuno va. – Passano dei gruppi. Far vedere le varie maschere.

Arriva «*l'uomo che resiste*». Nessuno lo conosce. «Mai visto!».

La lotta fra l'Uomo e il Padrone deve essere il centro del secondo atto. Tanto l'uno che l'altro devono scendere in campo, come per un duello, con dietro un certo numero di fedeli. Lì avverrà la discussione sul dovere di resistere a chi trasgredisce la legge. E poi seguirà un giuoco di reciproche intimidazioni. I fedeli del Padrone diranno: «Se ha tanto coraggio vuol dire che conta su delle forze serie». I fedeli dell'Uomo diranno: «È matto, ci sta rovinando». I fedeli del tiranno: «Parlano, protestano, ci stanno attaccando, tutto il popolo è in rivolta». I fedeli dell'Uomo concluderanno: «È tempo di darcela a gambe». Ma i fedeli del Padrone, spaventatissimi da quell'animazione avversaria, scapperanno prima.

Per il III atto. Fare una scena in cui si vede la ragazza che è stata liberata confidare all'Uomo, come in fondo, non fosse mica scontenta che il Padrone le facesse la corte.

Il finale è così: il popolo si rivolta contro l'Uomo. A un certo momento uno spara una pistolettata. L'Uomo fa un piccolo discorso, e muore. Allora il popolo si commuove e lo... riabilita e quello che lo aveva ammazzato, uno scultore, domanda che gli venga data la commissione per fargli un monumento (l'aveva ammazzato per quello).

Per la commedia italiana.

Fare degli intermezzi coi commenti della situazione, fatti dagli stranieri.

Mettere la scena in cui due persone parlano contro, ma appena discutono tre, parlano prò. Ma forse questa si può mettere nel I atto.

20 Dicembre.

Sono alle prese con un sentimento che è allo stesso tempo inebriante e doloroso, il sentimento di una mia intima potenza, che non si può espandere, per la tristezza delle circostanze esteriori. Mi sento diventare intelligente e sempre più creatore, il pensiero, quando mi passa per la testa, non è più vago, ma mi appare concretato in parole, ossia creato.

E la folla di idee che zampilla nel mio spirito continuamente, e sempre con maggiore profondità, mi rivela sempre di più come i giornali, le riviste, le compagnie mi manchino. Così, quando ho finito con soddisfazione un pezzo del dramma (non posso dire il dramma) provo una specie di misterioso e violento rincrescimento, perché prevedo già che comincerò a sentire i ceppi, in cui la mia opera è incatenata.

È una specie di ebollizione, che mi invade e mi fa battere il sangue, come se ogni minuto di tempo perso mi dovesse costare. Paragono il mio dramma a tanti che sono rappresentati. Sento come pochi si siano resi conto della sua importanza. La vastità stessa del soggetto mi danneggia. Considero certi articoli che potrebbero fare rumore, con una certa malinconia, in quei giornali in cui rimangono seppelliti.

XVI

Roma – 10 Dicembre.

I passaporti non sono venuti, sono venuto a Roma mi sono iscritto alla scuola di Storia dell'Arte di Venturi, ultimo filo di speranza per trovare un rifugio in Italia...

Venturi è stato di una gentilezza veramente paterna, e sì che non divide le mie idee sull'arte, ma si può discuter con lui di ogni cosa! Ah, quanto sono rari gli uomini con cui si può discutere ancora!

11 Dicembre.

Incontro in un salotto il conte S., un romanziere francese che avevo conosciuto a Parigi. Ha avuto un colloquio col duce. Ne è entusiasta. «Il duce è stato gentilissimo. Gli ha parlato di papà. Gli ha detto il gran conto che ne fa. I passaporti? Ferrero non avrebbe che da chiederli. La sorveglianza? È fatta su sua domanda per difenderlo»! Impossibile persuaderlo che non è vero. «Può mentire un Presidente del Consiglio? Con che scopo? Non sono io che gli ho chiesto di Ferrero».

L'originalità del fascismo sta nelle nuove forme che ha trovato di intimidazione e di corruzione. Tutti i musicisti, i letterati, gli scienziati stranieri, segnalati dai ministri, consoli, ambasciatori, fasci all'estero, sono invitati personalmente a venire a Roma, a Milano, a Firenze a tenere conferenze, o concerti (c'è in ogni città un'organizzazione apposita). Arrivano, accoglienze principesche, alberghi gratuiti, automobili alla porta, grandi réclames sui giornali, interviste col duce... «Ma siamo intesi, se parlassero male del fascismo essi non potrebbero più mettere piede in Italia, i loro libri non potrebbero più penetrare, sarebbero individuati alla frontiera». L'Italia è così bella. Perché poi darsi tanta pena per non poterla più venire a visitare neppure in incognito? In fondo, non è il primo dovere dello straniero di non mescolarsi alla politica interna degli altri paesi? (appoggiare il fascismo, dichiarare che si è visto e sentito quel che i fascisti vogliono che si sia viste o sentito, non è occuparsi di politica interna degli altri paesi, non è mentire).

Pare che si adottino le stesse manovre coi consoli, ministri e ambasciatori residenti in Italia: inviti, conferenze, incenso nei giornali, ricevimenti sontuosi, automobili, biglietti gratuiti sulle ferrovie, alberghi gratuiti, amici premurosi che si occupano di farli divertire, di rendere il loro soggiorno un Paradiso. Ma beninteso riferire quel che Bal vuole. Ma certo, per chi, perché lasciare questo paradiso? Sarebbe tanto più sciocco, dal momento che i governi a cui dovrebbero riferire le loro impressioni desiderano di essere ingannati.

12 Dicembre.

C'è qui alla scuola un giovane veneziano Lelio C. chiacchierone, timido, diligente, molto servizievole con tutti, di una esattezza e di una scrupolosità esemplare. Il prof. Venturi l'ha incaricato delle proiezioni e anche della correzione delle sue bozze. (Venturi è malato d'occhi, quasi non ci vede).

Ieri, martedì, Venturi comincia la lezione e Lelio non compare. Venturi manda un fattorino, che non lo trova in casa. Venturi è inquieto, «Lelio è così esatto! E ha le bozze del suo libro!». Venturi ha urgenza di rispedirle. «Che maniera di fare, se non poteva venire poteva avvertirmi, sapeva che dovevo trovare chi lo sostituisce!». Conclusione: il professore Venturi va a casa di Lelio. La padrona di casa esita, alla fine gli confida che Lelio è stato arrestato, la sua camera perquisita e che gli sono state sequestrate delle carte, che un agente ha giudicate compromettenti. Venturi si stupisce. Mai Lelio si è occupato di politica!

Va alla Questura. Il povero Lelio aveva avuto la disgrazia di incontrare per la strada, lunedì mattina, un veneziano suo antico compagno di scuola. Era quasi dieci anni che non si vedevano. Tutte e due dello stesso sestiere. Si erano salutati calorosamente e avevano passeggiato insieme mezz'ora per strada, dopo di che Lelio era ritornato a casa. Un'ora dopo arrivano degli agenti che lo interrogano sul suo incontro. «Che cosa ha detto X? Come mai ha parlato con X?». «È un antico compagno di scuola». «Non sapeva che è un pericoloso comunista?». «No davvero, quando l'ho lasciato aveva i calzoni corti». «Storie, storie», e fanno una minuta perquisizione. Fra le carte uno degli agenti scopre un corpo di reato terribile: delle bozze che portano per titolo in grandi caratteri SEBASTIANO DEL PIOMBO. «Sebastiano del Piombo? Che intende lei per Sebastiano del Piombo?». «Si tratta di un artista, sono bozze che il prof. Venturi mi ha affidato da correggere». «A noi non ce la dà a bere: Sebastiano del Piombo? Questo è un complotto che lei trama con X».

«Ma X io non l'ho più visto da dieci anni».

«Non racconti storie, venga con noi».

«Mi permettano di scrivere al professor Venturi. Il prof. Venturi mi aspetta per le lezioni di domani. Il prof. Venturi ha bisogno di queste bozze...».

«Faccia la lettera, la porteremo in Questura. Il Questore indagherà». Il povero Lelio fa la lettera. Non si sa se fu portata in Questura col corpo del reato, ma Venturi non l'ebbe mai. Il povero Lelio coi pochissimi denari che aveva sottomano, accompagnato dagli agenti è portato a Regina Coeli. Invano chiede di essere interrogato dal direttore delle Carceri. Impiega quel poco che ha (e resta due giorni digiuno) per *corrompere* i guardiani e persuaderli a portare al professor Venturi una lettera in cui lo informava di quanto era accaduto e implorava il suo soccorso. Venturi non ricevette mai neppure questa seconda missiva.

A stento il prof. Venturi, libro alla mano, poté persuadere il Questore che *Sebastiano del Piombo* era un artista, che quelle bozze appartenevano a lui, prof. Venturi, e che l'incontro di Lelio con X era un incontro assolutamente fortuito.

Lelio fu messo in libertà, ma ormai egli è un «sorvegliato», egli è un «segnalato» della Questura. Non troverà più stanza a Roma, nessun Museo lo vorrà più, la sua carriera è finita.

La libertà è più bella che qualunque opera d'arte.

Roma, 12 dicembre 1927.

IDEA PER LA COMMEDIA ITALIANA:

Mettere in scena due che parlano l'un l'altro male del tiranno, per far parlare l'altro, e poi uno vuole arrestare l'altro, ma l'altro gli dice che è un poliziotto e vuole arrestare il primo; quando sanno che sono tutti e due poliziotti si metton d'accordo e cominciano a parlare male del tiranno per davvero, e sopraggiunge un terzo che li vuole arrestare; ma essi dimostrano che lo facevano apposta per accertarsi l'uno dell'altro e vanno via tutti e tre.

1927

SOGGETTI PER ROMANZI:

La storia della vedova di un assassinato, che cerca di resistere alle pressioni della giustizia, governo, ecc. perché rinunzi a incolpare gli imputati (Consolo). Il primo Capitolo sarebbe l'assassinio politico del marito. L'ultimo il processo in cui tutti gli imputati vengono assolti.
Questa donna dev'essere strenua, indomabile, appassionata, disperata, chiaroveggente e decisa. Nessuno potrà consolarla.
Intorno a questo nucleo si deve vedere molto mondo!

* * *

L'assalto a una Banca (Banca Conti). Far vedere tutti i *dessous* di un fallimento, che non si potranno svelare mai.
Una specie di vita degli intellettuali. Farli vedere alle prese con la critica interessata, col pubblico ignorante, coi posteri dimentichi.
Distinguere i veri che ci affogano, i falsi che ci sguazzano. Mettere in luce i *dessous* letterari, la maniera ormai definitivamente alterata di concepire la vita, il crescente monopolio del fascismo, ecc.

* * *

Far vedere come una moglie, di ambiente assolutamente diverso (ricco, mondano, frivolo) sposando un marito di ambiente scientifico veramente elevato, a poco a poco, dopo i primi anni di crisi, finisca per assumere il punto di vista del marito, tanto da credere di avere sempre sentito così. Far vedere come il marito, eserciti questa influenza involontariamente e senza accorgersene. Complicare questo con la tragedia scientifica: il dover dipendere dagli «esperti». Il rischio che questi (che sono interessati) dicano «no». La carriera è allora finita e non rimane nessun appello.

Il processo di C. deve essere contrapposto al primo.

NAUFRAGIO DEL MAFALDA:

20 Dicembre.

Ah! Non si sente intorno a noi che odio, vanità, ignoranza, invidia, malafede, menzogna, diffidenza, paura, ferocia, ma soprattutto una immensa, piatta, ostentata, trionfante, imperante stupidità. È terribile vivere in questa atmosfera e non poter mai rettificare.

A un grande fautore della monarchia assoluta che diceva: «La costituzione d'Inghilterra è cosa vecchia e adatta ad altri, e bisognerebbe rimodernarla, risponde uno degli astanti: «È più vecchia la tirannia». (7 settembre 1820).

(Dallo «*Zibaldone*» di Leopardi, pagina 233).

Fa bene leggere i grandi autori, e, in materia di speculazione, i grandi filosofi, perché si impara così fino a qual punto si può giungere con l'arte e col ragionamento, in modo che molte idee e pensieri che ci maturavano nell'animo senza osare di venir fuori, sbocciano facilmente appena ci rendiamo conto che ne hanno il diritto e i mezzi, quando consideriamo gli autori di pensieri analoghi, bene espressi. Conosciuto il punto a cui si può arrivare, non è poi molto difficile di sorpassarlo.

1927

Qui finisce il diario di Leo del 1926 e 27. Avendo avuto il passaporto, Leo ci raggiunse a Firenze, donde, sempre seguiti da un codazzo di poliziotti che si cambiavano e alternavano ad ogni città, quasi fossero una guardia reale, lo accompagnammo alla frontiera.

*Finisco questo libro con l'*Addio a Roma *che Leo scrisse poche ore prima di lasciare per sempre Roma e l'Italia.*

(Nota del Redattore)

DIARIO DI VIAGGIO

ADDIO A ROMA

Scrivo per l'ultima volta, seduto sul piedestallo di una colonna, in Piazza S. Pietro. Il vento spande da ogni parte il getto delle fontane, dipanandolo in tenue pioggia. La spuma bianca annerisce i bordi della gran coppa ed il selciato. Al vertice, il getto si polverizza in gocce bianche, che balzellano e si avvicendano come le palle di un giocoliere. Addio Roma! Queste due candide piume di struzzo, agitate dal ponentino in mezzo alla immobilità del granito e fra le colonne, queste due fontane irrequiete, irregolari e rumorose mi paiono il canto e l'anima di tante pietre silenziose e di un sagrato colossale, preciso e aperto come la Religione Cattolica. Il sole scintilla e le casupole rosse, al di là del colonnato, sembrano domandare allo splendor della luce il diritto di innalzarsi in faccia a San Pietro. Sono contento di partire da Roma. Il destino ha posto in Roma le pietre miliari della mia vita, ma non ho mai potuto liberarmi, in questa città, dal peso della sua malata magnificenza.

Fin dal momento in cui arrivando verso la sera vedevo brillare i lumi della città giardino, cominciava a turbarmi l'ansia e l'inquietudine di Roma. Da principio, non potevo accettare l'urto delle tre città, di Roma antica, di Roma papale e di Roma moderna, costruite come se volessero schiacciarsi a vicenda sotto la grandezza dei propri monumenti. D'istinto, arrivando a Roma, volevo ricostruirla a mio modo. Poi, per l'abitudine di rivederli insieme, sempre minacciosi e sempre immoti, mi parve che una stessa patina si stendesse sui ministeri, sui monumenti funebri, sulle chiese e sulle rovine, su quelle tre civiltà che convivevano gomito a gomito senza fondersi, racchiuse in se stesse, opponendo l'una all'altra la gloria delle proprie memorie. Ma non riuscivo lo stesso a godere a Roma di quel benessere che cantò Goethe nelle sue elegie. Forse i viaggiatori trovano in ogni paese quello che ci voglion trovare.

A me quel cielo troppo vasto e particolarmente concavo, verde, consunto e tremante di un'antica e malinconica luce fatta per le macerie, quella sontuosa urbe distesa attraverso il silenzio selvaggio della maremma, quella via Appia orlata di cipressi e avviata verso un orizzonte che sembra segnare il limite della terra, quelle fontane troppo squisite e musicali, quei palazzi, quella andatura indolente, lussuriosa e molle, quell'aria pesante che si affina la sera e ci fa sognare il Mediterraneo, quei crepuscoli estenuati ed immensi avevano riempito il cuore di uno sgomento che gli anni e i ritorni non riuscivano ad acquietare.

Forse sentivo il terrore di una segreta onnipotenza. Roma è l'urbe tirannica. Splendida e indifferente, si vendica dei piccoli uomini che hanno il coraggio di vivere tranquillamente dentro la cerchia delle Mura Aureliane, facendone la propria preda. A Roma, io mi sentivo prigioniero di quella sterile sontuosità, come una barca arenata tra le sabbie mobili di un estuario.

La luce o i secoli, il colore o i ricordi, il chiasso o il silenzio, il lastricato o il cielo avevano tanto potere sulla mia vita interiore. Non so; ma mi pareva di essere l'ombra di quelle mura, da cui trasudavano la disperazione o la gioia. Non gli eventi, e nemmeno le donne erano la ragione del mio quotidiano umore; ma la città stessa, che faceva di me, contro il mio volere, un uomo felice o infelice, appena la mattina avevo respirato il suo odore vagamente marino. Tutto quello che avevo pensato e sofferto a Roma, i miei più antichi sentimenti e le mie passioni, invece di svaporare col tempo, si adagiavano nell'urbe come delle nuvole in una valle. Non potevo più liberarmi dal mio passato, e ogni volta che ritornavo a Roma mi toccava rivivere la mia vita fin dal principio. Roma era per me come un sogno, dove il tempo era abolito. Vecchie immagini quasi dimenticate si mescolavano alla mia vita, come si vedono nelle corti di una casa moderna gli avanzi di un muro imperiale... Vivevo a Roma stupefatto ed inquieto, e tutte le cose che vedevo mi sembravano una nuova allucinazione, come a un convalescente che esce per la prima volta dalla sua camera. Addio Roma! Tra poche ore sarò a Termini su una di quelle piattaforme proiettate verso l'infinito dell'Agro come verso l'oceano. Avrò dietro di me la città che comincerà ad addormentarsi, e dinanzi a me due lucide parallele. Che cosa mi riserba il destino? Dove maturano gli avvenimenti? Parto con gioia da questa città che non amo. Ma forse, fra qualche anno, dopo aver vissuto in paesi stranieri, accoglienti e festevoli, e in una più pallida luce, lontano da Roma, penserò con nostalgia alla dolcezza di queste donne, al mare che trema come una linea opaca sugli orizzonti della Maremma, ai bimbi ruzzanti dinnanzi alle porte dei grandi palazzi inutili, ai fiori di Trinità dei Monti, e libero di me, signore di me stesso, rimpiangerò per un momento la inumana e sovrumana opulenza di questa città che aveva la forza di sottomettermi.

Leo Ferrero

INDICE

7   I liberi e gli addomesticati – di Marcello Donativi

DIARIO DI UN PRIVILEGIATO SOTTO IL FASCISMO

17   Prodromi al diario – di Gina Ferrero Lombroso

33   Lettera a Pierre Jeanneret

35   1926

48   1927

130   Addio a Roma

PILLOLE PER LA MEMORIA

1   Giuseppe Buttà, *Un viaggio da Boccadifalco a Gaeta*
2   Vittorio Alfieri, *Il Misogallo*
3   Enrico Morselli, *L'umanità dell'avvenire*
4   Alberto Mario, *La camicia rossa*
5   Carmine Crocco, *Come divenni brigante*
6   Mastro Titta, *Memorie di un boia*
7   Napoleone Colajanni, *Nel regno della mafia*
8   Giacinto De Sivo, *Storia delle Due Sicilie 1847-1861*, vol. I
9   Giacinto De Sivo, *Storia delle Due Sicilie 1847-1861*, vol. II
10 Giuseppe Buttà, *Edoardo e Rosolina o le conseguenze del 1861*
11 Giuseppe Buttà, *I Borboni di Napoli al cospetto di due secoli*, vol. I
12 Giuseppe Buttà, *I Borboni di Napoli al cospetto di due secoli*, vol. II
13 Giuseppe Buttà, *I Borboni di Napoli al cospetto di due secoli*, vol. III
14 Basilide Del Zio, *Il brigante Crocco e la sua autobiografia*
15 AaVv, *Manhès - un generale contro i briganti*
16 Gaspero Barbera, *Memorie di un editore*
17 Giacinto De Sivo, *Scritti politici*
18 Eduardo Ximenes, *Sul campo di Adua*
19 Adolfo Rossi, *Un Italiano in America*
20 Louise Mack, *Una donna alla Prima Guerra Mondiale*
21 Giovanni Livi, *Napoleone all'isola d'Elba*
22 Paolo Mantegazza, *Antropologia del Parlamento Italiano*
23 Attilio Frescura, *Diario di un imboscato*
24 William E. Gladstone, *Lettere sul Regno di Napoli*
25 Raffaele De Cesare, *La fine di un regno*, vol. I
26 Raffaele De Cesare, *La fine di un regno*, vol. II
27 Nino Savarese, *Cronachetta siciliana dell'estate 1943*
28 Tommaso Cava, *Analisi politica del brigantaggio nelle provincie meridionali*
29 Bruno Piazza, *Perché gli altri dimenticano*
30 Carmine Crocco, *Come divenni brigante 2.0*

SCARICA GRATIS L'EBOOK
DI QUESTA OPERA
IN FORMATO EPUB

www.edizionitrabant.it/wng845fm
PASSWORD: **pte958t6**

www.ingramcontent.com/pod-product-compliance
Lightning Source LLC
LaVergne TN
LVHW011356080426
835511LV00005B/320